l'Europe et de l'Asie,
et le Pont-Euxin, er
fertiles, capitale d'un
tantinople verrait pas
productions de l'Orie
celles du Nord et du M
l'Asie et les navires de
raient sans interruptio
échanges avantageux à
Mais dans l'état act
très-limité. L'industrie
aux simples besoins de

---

(1) Si le Bosphore et l'Hell
puissance civilisée, industrie
d'un vaste Empire, Constanti
rement la métropole du Mond

2952

y² 36505.

Il mit mon sabre à mes pieds avec la tête du sauvage.

AVENTURES
de
Robinson Crusoé

20. Grav. et Notes.

TOME 2.me

Ch. Baudouin, Imprimeur.
A PARIS.
Chez Chassaignon, Libraire,
Rue du Marché Neuf, N.º 3.

1817.

AVENTURES DE ROBINSON CRUSOÉ.

Je menais alors une vie beaucoup plus douce en elle-même, que je n'avais fait au commencement ; et cet accommodement avait une influence égale sur l'esprit et sur le corps. Souvent lorsque j'étais assis pour prendre mon repas, je rendais mes très-humbles actions de grâces à la divine Providence, et je l'admirais en même tems de m'avoir ainsi dressé une table au milieu du désert. J'appris à donner plus d'attention au bon côté de ma condition qu'au mauvais, à considérer ce dont je jouissais, plutôt que ce dont je manquais, et à trouver quelquefois dans cette méthode une source de consolations secrètes, dont je ne puis exprimer la force par mes faibles paroles. C'est ce que j'ai été bien aise de remarquer ici, afin d'en graver l'image dans la mémoire de certaines gens, qui, toujours mécontens, n'ont point de goût pour savourer les biens que Dieu leur a accordés, parce qu'ils tournent leurs désirs vers des choses qu'il ne leur a pas départies. Enfin il me paraissait que les déplaisirs qui nous rongent au sujet de ce que nous n'avons pas, émanent tous du défaut de reconnaissance pour ce que nous avons.

Une autre réflexion qui m'était encore d'un grand usage, et qui sans doute ne le serait pas moins à toute personne qui aurait le malheur de tomber dans un pareil cas que le mien, c'était de comparer ma condition présente à celle à laquelle je m'étais attendu dans le commencement, et dont j'aurais très-certainement subi toute la rigueur, si Dieu, par sa Providence admirable, n'eût procuré mon salut dans les suites de mon naufrage, en ordonnant que je pusse non-seulement aller à bord, mais encore en rapporter et débarquer quantité de choses qui m'étaient d'une grande utilité et d'un grand secours; sans quoi j'aurais manqué d'outils pour travailler, d'armes pour me défendre, de poudre et de plomb pour aller à la chasse, et par ce moyen pourvoir à ma nourriture.

Je passais les heures, et quelquefois les jours entiers à me représenter avec les couleurs les plus vives la manière dont j'aurais agi si je n'eusse rien tiré du bâtiment; comment je n'aurais pas seulement pu attraper quoi que ce soit pour ma nourriture, si ce n'est peut-être quelques poissons et quelques tortues; et comme il se passa un long tems avant de découvrir aucune de ces dernières, il y a toute apparence que j'aurais péri sans faire cette découverte; que si j'eusse subsisté, j'aurais vécu comme un véritable sauvage; si j'eusse tué un bouc ou un oiseau par quelque nouveau stratagème, je n'aurais pas su comment écorcher le premier, ni comment éventrer l'un et l'autre; en sorte qu'il m'aurait fallu employer et mes ongles et mes dents, à la façon des animaux de proie.

Ces réflexions me rendaient très-sensible à la bonté de la Providence à mon égard, et très-reconnaissant envers elle pour ma condition présente, quoiqu'elle ne fût pas exempte de peines et de misères. Je ne puis m'empêcher de recommander cet endroit de mon histoire aux méditations de ceux qui, dans leur malheur, sont sujets à faire cette exclamation: *Y a-t-il une affliction semblable à la mienne?* Que ces gens-là, dis-je, considèrent combien pire est le sort de tant d'autres, et combien pire pourrait être le leur, si la Providence l'avait jugé à propos.

Je faisais encore une autre réflexion qui contribuait beaucoup à fortifier mon esprit et à remplir mon cœur d'espérance; c'était le parallèle de l'état où je me voyais, à ce que j'avais mérité, et à quoi par conséquent j'aurais dû m'attendre, comme à un juste salaire que j'aurais reçu de la main vengeresse de Dieu. J'avais mené une vie détestable, sans connaissance ni crainte de mon créateur. Mes parens m'avaient donné de bonnes instructions; ils n'avaient rien épargné dès ma plus tendre jeunesse pour insinuer dans mon âme des sentimens de religion et de christianisme, une sainte vénération pour tous mes devoirs, une connaissance parfaite de la fin à laquelle j'avais été destiné par l'Auteur de la Nature dans ma création. Mais pour mon malheur j'avais embrassé trop tôt la vie de marin, qui est de tous les états du monde celui où l'on a moins la crainte de Dieu en vue, quoiqu'on y ait plus de sujet de le craindre. Je dis donc que la mer et les matelots que je fréquentai dès ma première jeunesse, les railleries profanes et impies de mes commensaux, le mépris des dangers, lesquels j'affrontais de gaîté de cœur, la vue de la mort, avec laquelle je m'étais familiarisé par une longue habitude, l'éloignement de toute occasion, ou de converser avec d'autres personnes que celles de ma trempe, ou d'entendre dire quelque chose qui fût bon ou qui tendît au bien; tant de choses, dis-je, compliquées ensemble, étouffèrent en moi toute semence de religion.

Je songeais si peu, soit à ce que j'étais actuellement, soit à ce que je devais être un jour, et mon endurcissement était tel, que dans les plus merveilleuses délivrances dont le ciel me favorisait, comme lorsque je m'échappai de Salé, lorsque je fus reçu en haute mer par le capitaine portugais dans son bord, lorsque je possédais une belle plantation dans le *Brésil*, lorsque je reçus ma cargaison d'Angleterre, et en plusieurs autres occasions, je ne rendis jamais à Dieu les actions de grâces que je lui devais. Dans mes plus grandes calamités, je ne songeai jamais à l'invoquer. Je ne parlais de cet Être suprême que pour avilir son nom, que pour jurer, que pour blasphémer.

J'avais vécu en scélérat, dans l'iniquité et le crime, et néanmoins ma conservation était l'effet de la Providence. Dieu avait déployé à mon égard des bontés sans nombre : il m'avait puni au-dessous de ce que mes iniquités méritaient, et avait pourvu libéralement à ma subsistance. Toutes ces réflexions me donnèrent lieu d'espérer que Dieu avait accepté ma repentance, et que je n'avais pas encore épuisé les trésors infinis de sa miséricorde.

Elles me portèrent non-seulement à une entière résignation à la volonté de Dieu, mais encore elles m'inspirèrent à son égard de vifs sentimens de reconnaissance. J'étais encore au nombre des vivans, je n'avais pas reçu la juste punition de mes crimes; au contraire je jouissais de plusieurs avantages auxquels je n'aurais pas dû m'attendre, ainsi je n'avais pas à me plaindre ni à murmurer davantage de ma condition; j'avais tout lieu au contraire de me réjouir et de remercier Dieu de ce que, par une suite continuelle de prodiges, j'avais du pain. Le miracle qu'il avait opéré en faveur d'*Élie*, à qui les corbeaux apportaient à manger, n'était pas aussi grand que celui qu'il avait opéré à mon égard. Ma conservation n'était qu'une longue suite de miracles. Je considérais d'ailleurs qu'il n'y avait peut-être aucun lieu dans tout le monde habitable où j'eusse pu vivre avec autant de douceur.

Il est vrai que j'étais privé de tout commerce avec les hommes; mais aussi je n'avais rien à craindre ni des loups, ni des tigres furieux, ni d'aucune bête féroce ou venimeuse, ni de la cruauté barbare des cannibales. Mes jours étaient en sûreté à tous ces égards-là.

En un mot, si ma vie était d'un côté une vie de tristesse et d'affliction, il faut avouer de l'autre que j'y ressentais des effets bien sensibles de la miséricorde divine. Il ne me manquait rien pour vivre avec douceur que d'avoir un sentiment vif et continuel de la bonté de Dieu et de ses soins envers moi. Ces pensées, quand j'y réfléchissais, me consolaient entièrement, et faisaient évanouir mon chagrin et ma mélancolie.

Il y avait déjà long-tems, ainsi que j'ai dit ci-dessus, qu'il ne me restait plus qu'un peu d'encre; je tâchais de la conserver, en y mettant de l'eau de tems en tems; mais enfin elle devint si pâle qu'à peine pouvais-je remarquer sa noirceur sur le papier. Tant qu'elle dura, je marquai les jours où il m'était arrivé quelque chose de considérable. Il me souvient que ces jours extraordinaires tombaient presque tous sur les mêmes jours de l'année. Si j'avais eu quelque penchant superstitieux pour ce sentiment qu'*il y a des jours heureux et des jours malheureux*, je n'aurais pas manqué d'appuyer mon opinion sur un concours si curieux.

Le même jour de l'année que je m'enfuis de chez mon père, que j'arrivai à *Hull* et que je me fis mate-

1.

lot, je fus pris par un vaisseau de guerre de *Salé*, et fait esclave.

Le même jour de l'année que j'échappai d'un naufrage dans la rade de *Yarmouth*, je me sauvai aussi de *Salé* dans un bateau.

Le même jour que je naquis, et qui était le 30 *septembre*, trente-six ans après je fus miraculeusement sauvé, lorsque la tempête me jeta sur cette île. Ainsi ma vie dépravée et ma vie solitaire ont commencé par le même jour de l'année.

La première chose qui me manqua après l'encre, fut le pain, ou plutôt le biscuit que j'avais apporté du vaisseau, bien que je l'eusse ménagé avec la dernière frugalité, ne m'en étant accordé, pendant l'espace d'une année, qu'un petit gâteau par jour : cependant il me manqua tout-à-fait un an avant que je pusse faire du pain du blé que j'avais semé.

Mes habits commençaient aussi à dépérir. Il y avait long-tems que je n'avais plus de linge, hors quelques chemises bigarrées que j'avais trouvées dans les coffres des matelots, et que je conservais autant qu'il m'était possible, parce que très-souvent je ne pouvais supporter d'autre habit qu'une chemise. Ce fut un grand bonheur pour moi de ce que, parmi les habits des matelots, j'en trouvai trois douzaines. Je sauvai aussi quelques surtouts grossiers ; mais ils me furent de peu d'usage, ils étaient trop chauds.

Les chaleurs étaient si violentes que je n'avais aucun besoin d'habits ; cependant, quoique je fusse seul, je ne pus me résoudre à aller nu. Je n'y avais aucune inclination, je n'en pouvais pas même supporter la pensée. D'ailleurs, la chaleur du soleil m'était plus insupportable quand j'étais nu, que lorsque j'avais quelques habits sur moi. La chaleur me causait souvent des vessies sur toute la peau ;

au lieu que lorsque j'étais en chemise, l'air entrant par-dessous, l'agitait de façon que j'en étais deux fois plus au frais. De même, je ne pus jamais m'accoutumer à m'exposer au soleil sans avoir la tête couverte : le soleil dardait ses rayons avec une telle violence que, lorsque j'étais sans chapeau, je ressentais à l'instant de grands maux de tête ; mais ils me quittaient dès que je me couvrais.

L'expérience de toutes ces choses me fit songer à employer les haillons que j'avais et que j'appelais des habits, à un usage conforme à l'état où j'étais. Toutes mes vestes étaient usées ; je m'appliquai donc à faire une espèce de robe des gros surtouts et de quelques autres matériaux de cette nature que j'avais sauvés du naufrage. J'exerçais donc le métier de tailleur ou de ravaudeur ; car mon travail était pitoyable, et je vins à bout, après bien des peines, de faire deux ou trois nouvelles vestes, des culottes ou des caleçons ; mais, comme j'ai dit, mon travail était massacré d'une étrange façon.

J'ai dit que j'avais conservé les peaux de toutes les bêtes que j'avais tuées ; j'entends les bêtes à quatre pieds ; mais comme je les avais étendues au soleil, la plupart devinrent si sèches et si dures, que je ne pus les employer à aucun usage. Mais de celles dont je pus me servir, j'en fis premièrement un grand bonnet en tournant le poil en dehors, afin de me mettre mieux à couvert de la pluie, et ensuite je m'en fabriquai un habit entier ; je veux dire une veste lâche et des culottes ouvertes ; car mes habits devaient me servir plutôt contre la chaleur que contre le froid. Au reste, si j'entendais peu le métier de charpentier, j'entendais moins encore celui de tailleur. Néanmoins ces habits me servirent très-bien : la pluie ne pouvait pas les percer.

Tous ces travaux finis, j'employai beaucoup de tems et bien des peines à faire un *parasol*. J'en avais vu faire un dans le *Brésil*, où ils sont d'un grand usage contre les chaleurs extraordinaires. Or, comme le climat que j'habitais était tout aussi chaud, ou même davantage, car j'étais plus près de l'équateur ; comme d'ailleurs la nécessité m'obligeait souvent de sortir par la pluie, je ne pouvais me passer d'une aussi grande commodité que celle-là. Ce travail me coûta infiniment ; il se passa bien du tems avant que je pusse faire quelque chose qui fût capable de me préserver de la pluie et des rayons du soleil; encore cet ouvrage ne put-il me satisfaire, ni deux ou trois autres que je fis ensuite. Je pouvais bien les étendre, mais je ne pouvais pas les plier, ni les porter autrement que sur ma tête : ce qui me causait trop d'embarras. Enfin pourtant j'en fis un qui répondit assez à mes besoins : je le couvris de peaux en tournant le poil du côté d'en haut. J'y étais à l'abri de la pluie comme si j'eusse été sous un auvent, et je marchais par les chaleurs les plus brûlantes avec plus d'agrément que je ne faisais auparavant dans les jours les plus frais. Quand je n'en avais pas besoin, je le fermais et le portais sous mon bras.

Je vivais aussi avec beaucoup de douceur. Mon esprit était tranquille. Je m'étais résigné à la volonté de Dieu. Je m'étais entièrement soumis aux ordres de la Providence. Je préférais cette vie à celle que j'aurais pu mener dans le commerce du monde; car s'il m'arrivait quelquefois de regretter la conversation des hommes, je me disais aussitôt : « Ne
» converses-tu pas avec toi-même ? et, pour parler
» ainsi, ne converses-tu pas avec Dieu lui-même par
» les soupirs et les prières que tu pousses vers lui ?
» La société peut-elle te procurer d'aussi grands
» avantages ? »

Après avoir fini les ouvrages dont j'ai parlé, il ne

m'est arrivé rien d'extraordinaire pendant l'espace de cinq ans. Je menais le train de vie que j'ai ci-dessus représenté. Ma principale occupation, outre celle de semer mon orge et mon riz, d'accommoder mes raisins et d'aller à la chasse, fut, pendant ces cinq années, celle de faire un canot. Je l'achevai, et en creusant un canal, profond de six pieds, et large de quatre, je l'amenai dans la baie. Pour le premier, qui était d'une prodigieuse grandeur, et que j'avais fait inconsidérément, je ne pus jamais ni le mettre à l'eau, ni faire un canal assez grand pour y conduire l'eau de la mer. Je fus obligé de le laisser dans sa place, comme s'il eût dû me servir de leçon, afin d'être plus circonspect à l'avenir. Mais, comme on vient de voir, ce mauvais succès ne me rebuta point; je profitai de ma première inadvertance, et bien que l'arbre que j'avais coupé pour faire un second canot fût à un demi-mille de la mer, et qu'il était bien difficile d'y amener l'eau de si loin; cependant, comme la chose n'était pas impraticable, je ne désespérai pas de la porter à son exécution. J'y travaillai pendant deux ans; je ne regrettais point mon travail, tant était grand l'espoir de me remettre en mer.

Voilà donc mon petit canot fini; mais sa grandeur ne répondit point au dessein que j'avais lorsque je commençai à y travailler : c'était de hasarder un voyage en terre ferme, et qui aurait été de quarante milles. Je quittai donc mon travail; je me résolus au moins de faire le tour de l'île. Je l'avais déjà traversée par terre, comme j'ai dit, et les découvertes que j'avais faites alors me donnaient un violent désir de voir les autres parties de mes côtes. Je ne songeai donc plus qu'à mon voyage, et afin d'agir avec plus de précaution, j'équipai mon canot le mieux qu'il me fut possible; j'y fis un mât et une voile. J'en fis l'essai, et trouvant que mon canot ferait très-bien voile, je fis des boulines ou des layettes dans ses deux extrémités, afin d'y préserver mes provisions et mes munitions contre la pluie et l'eau de la mer qui pourrait entrer dans le canot. J'y fis encore un grand trou pour mes armes ; je le couvris du mieux que je pus, afin de le conserver sec.

Je plantai ensuite mon parasol à la poupe de mon canot, pour m'y mettre à l'ombre. Je me promenais de tems en tems dans mon canot, sur la mer ; mais, néanmoins, sans m'écarter jamais de ma petite baie. Enfin, impatient de voir la circonférence de mon royaume, je me résolus entièrement à en faire le tour. J'avitaillai pour cet effet mon bateau. Je pris deux douzaines de mes pains d'orge (je devais plutôt les appeler des gâteaux), un pot de terre plein de riz sec, dont j'usais beaucoup, une petite bouteille de rum, la moitié d'une chèvre, de la poudre et de la dragée pour en tuer d'autres ; enfin deux des gros surtouts dont j'ai parlé ci-dessus, l'un pour me coucher dessus, et l'autre pour me couvrir pendant la nuit.

C'était le six de novembre, et l'an sixième de mon règne ou de ma captivité (vous l'appelerez comme il vous plaira), que je m'embarquai pour ce voyage, qui fut plus long que je ne m'y étais attendu. L'île en elle-même n'était pas fort large, mais elle avait à son est un grand rebord de rochers qui s'étendaient deux lieues avant dans la mer ; les uns s'élevaient au-dessus de l'eau, et les autres étaient cachés ; il y avait, outre cela, au bout de ces rochers, un grand fond de sable qui était à sec et avancé dans la mer d'une demi-lieue, tellement que pour doubler cette pointe, j'étais obligé d'aller bien avant dans la mer.

A la première vue de toutes ces difficultés, j'allais renoncer à mon entreprise, fondé sur l'incerti-

Enfin impatient de voir la circonférence de mon royaume je me résolus à en faire le tour.

ude, soit du grand chemin qu'il me faudrait faire, soit de la manière dont je pourrais revenir sur mes pas. Je revirai même mon canot et me mis à l'ancre ; car j'ai oublié de dire que je m'en étais fait une d'une pièce rompue d'un grapin que j'avais sauvée du vaisseau.

Mon canot étant en sûreté, je pris mon fusil et je débarquai ; puis je montai sur une petite éminence, d'où je découvris toute la pointe et toute son étendue ; ce qui me fit résoudre à continuer mon voyage.

Entre autres observations, néanmoins, que je fis sur la mer, de ces endroits, j'observai un furieux courant qui portait à l'est, et qui touchait la pointe de bien près. Je l'étudiai donc autant que je pus, car j'avais raison de craindre qu'il ne fût dangereux, et que, si j'y tombais, il ne me portât en pleine mer, d'où j'aurais eu peine à regagner mon île. La vérité est que les choses seraient arrivées comme je le dis, si je n'eusse eu la précaution de monter sur cette petite éminence ; car le même courant régnait de l'autre côté de l'île, avec cette différence pourtant qu'il s'en écartait de beaucoup plus loin. Je remarquai aussi qu'il y avait une grande barre au rivage ; d'où je conclus que je franchirais aisément toutes ces difficultés si j'évitais le premier courant, car j'étais sûr de pouvoir profiter de cette barre.

Je couchai deux nuits sur cette colline, parce que le vent qui soufflait assez fort était à l'est-sud-est, et que, d'ailleurs, comme il portait contre le courant, et qu'il causait divers brisemens de mer sur la pointe, il n'était pas sûr pour moi ni de me tenir trop au rivage, ni de m'écarter loin en mer ; car alors je risquais de tomber dans le courant.

Mais au troisième jour, le vent étant tombé et la mer étant calme, je recommençai mon voyage. Que les pilotes téméraires et ignorans profitent de ce qui m'est arrivé en cette rencontre. Je n'eus pas plus tôt atteint la pointe que je me trouvai dans une mer très-profonde, et dans un courant aussi violent que le pourrait être une écluse de moulin. Je n'étais pourtant pas plus éloigné de terre que de la longueur de mon canot. Ce courant m'emporta, moi et mon canot, avec une telle violence, que je ne pus jamais retenir mon bateau auprès du rivage. Je me sentais emporter loin de la barre qui était à gauche. Le grand calme qui régnait ne me laissait rien à espérer des vents, et toute ma manœuvre n'aboutissait à rien. Je me considérai donc comme un homme mort; car je savais bien que l'île était entourée de deux courans, et que, par conséquent, à la distance de quelques lieues, ils devaient se rejoindre. Je crus donc être irrévocablement perdu. Je n'avais plus aucune espérance de vie, non que je craignisse d'être noyé, la mer était calme; mais je ne voyais pas que je pusse m'exempter de mourir de faim. Toutes mes provisions n'étaient qu'un de mes pots de terre plein d'eau fraîche, et une grande tortue; mais ces provisions ne pouvaient pas me suffire. Je prévoyais que ce courant me jetterait en pleine mer, où je n'avais pas d'espérance de rencontrer, après un voyage peut-être de plus de mille lieues, rivage, île ou continent.

Qu'il est facile à la Providence, disais-je en moi-même, de changer la condition la plus triste en une autre encore plus déplorable! Mon île me paraissait alors le lieu du monde le plus délicieux. Toute la félicité que je souhaitais était d'y rentrer. « Heu- » reux désert, m'écriai-je en y tournant la vue, » heureux désert, je ne te verrai donc plus! Que » je suis misérable! je ne sais où je suis porté! » Malheureuse inquiétude! tu m'as fait quitter ce » séjour charmant; souvent tu m'as fait murmurer

» contre ma solitude; mais maintenant que ne don-
» nerais-je point pour m'en retourner? » Telle est en
effet notre nature; nous ne sentons les avantages
d'un état qu'en éprouvant les incommodités de quelque autre.

Nous ne connaissons le prix des choses que par
leur privation. Personne ne concevra jamais la consternation où j'étais de me voir emporté de ma chère
île dans la haute mer. J'en étais alors éloigné de
deux lieues, et je n'avais plus d'espérance de la revoir. Je travaillais cependant avec beaucoup de vigueur; je dirigeais mon canot vers le nord autant
qu'il m'était possible, c'est-à-dire vers le côté du
courant, où j'avais remarqué une barre. Sur le midi,
je crus sentir une bise qui me soufflait au visage, et
qui venait du sud sud-est. J'en ressentis quelque
joie; elle augmenta de beaucoup une demi-heure
après, lorsqu'il s'éleva un vent qui m'était très-fa-
vorable. J'étais alors à une distance prodigieuse de
mon île. A peine pouvais-je la découvrir; et si le
tems eût été chargé, c'en était fait de moi; j'avais
oublié mon compas de mer; je ne pouvais donc la
rattraper que par la vue; mais le tems continuant au
beau, je mis à la voile portant vers le nord, et tâchant
de sortir du courant.

Je n'eus pas plus tôt mis à la voile que j'aperçus
par la clarté de l'eau qu'il allait arriver quelque al-
tération au courant; car lorsqu'il était dans toute sa
force, les eaux en étaient sales, et elles devenaient
claires à mesure qu'il diminuait. Je rencontrai à un
demi-mille plus loin (c'était à l'est), un brisement
de mer causé par quelques rochers. Ces rochers par-
tageaient le courant en deux. La plus grande partie
s'écoulait par le sud, laissant le rocher au nord-est;
l'autre étant repoussée par les rocs, portait avec
force vers le nord-ouest.

Ceux qui ont éprouvé ce que c'est de recevoir sa

Tome II.

grâce dans le tems qu'on allait les exécuter, ou d'être sauvés de la main des brigands qui allaient les égorger, sont les seuls capables de concevoir la joie que je ressentis alors. Il est difficile de comprendre l'empressement avec lequel je mis à la voile, et profitai du vent qui m'était favorable et du courant de la barre dont j'ai parlé.

Ce courant me servit pendant une heure de tems; il portait droit vers mon île, c'est-à-dire deux lieues plus au nord que le courant qui m'en avait auparavant éloigné. Ainsi, lorsque j'arrivai près de l'île, j'étais à son nord; je veux dire que j'étais dans la partie de l'île qui était opposée à celle d'où j'étais parti.

J'étais présentement entre deux courans, l'un du côté du sud, c'est celui qui m'avait emporté, et l'autre du côté du nord, qui en était éloigné de la distance d'une lieue et qui portait d'un autre côté. La mer où j'étais était entièrement morte, ses eaux étaient tranquilles et ne se mouvaient nulle part. Mais, profitant de la bise fraîche qui soufflait vers mon île, j'y fis voile et m'en approchai, quoique avec plus de lenteur que lorsque j'étais aidé par le courant.

Il était alors quatre heures du soir, et j'étais éloigné d'une lieue de mon île, quand je trouvai la pointe des rochers qui causaient tout ce désastre. Ils s'étendaient au sud; et comme ils y avaient formé ce furieux courant, ils y avaient aussi fait une barre qui portait au nord. Elle était forte, et ne me conduisait pas directement à bord de mon île; mais profitant du vent, je traversai cette barre le moins obliquement que je pus, et après une heure de tems j'arrivai à un mille du bord; l'eau y était tranquille, et peu de tems après je gagnai le rivage.

Dès que je fus abordé, me jetant à genoux, je remerciai Dieu pour ma délivrance, et résolus de ne plus courir les mêmes risques en vue de me sauver. Je me rafraîchis du mieux que je pus: je mis mon canot dans un petit caveau que j'avais remarqué sous des arbres, et las comme j'étais du travail et des fatigues de mon voyage, je m'endormis peu de tems après.

Etant éveillé, j'étais fort en peine comment je pourrais transporter mon canot dans la baie qui était près de la maison: de l'y conduire par mer, c'était trop risquer; je connaissais les dangers qu'il y avait du côté de l'est, et je n'osais me hasarder à prendre la route de l'ouest: je résolus donc de côtoyer les rivages de l'ouest; j'espérais d'y rencontrer quelque baie pour mettre mon canot, afin que je le pusse retrouver en cas de besoin. J'en trouvai une après avoir côtoyé l'espace d'une lieue: elle me paraissait fort bonne, et allait en se rétrécissant jusqu'à un petit ruisseau qui s'y déchargeait. J'y mis mon canot: je ne pouvais pas souhaiter de meilleur havre pour ma frégate. On aurait dit qu'il avait été travaillé exprès pour la contenir.

Je m'occupai ensuite à reconnaître où j'étais; je vis que je n'étais pas éloigné de l'endroit où j'avais été lorsque je traversai mon île. Ainsi laissant toutes mes provisions dans le canot, hors le fusil et le parasol, car il faisait fort chaud, je me mis en chemin. Quoique je fusse très-fatigué, je marchai néanmoins avec assez de plaisir: j'arrivai sur le soir à la vieille treille que j'avais faite autrefois. Tout y était dans le même état; je l'ai depuis toujours cultivée avec beaucoup de soin; c'était, comme j'ai dit, ma maison de campagne.

Je sautai la haie et me couchai à l'ombre, car j'étais d'une lassitude extraordinaire: je m'endormis d'abord. Lecteurs qui lirez cette histoire, jugez quelle fut ma surprise de me voir réveiller par une voix qui

m'appelait à diverses fois par mon nom : « Robinson,
» Robinson, Robinson Crusoé, pauvre Robinson
» Crusoé, où avez-vous été? Robinson Crusoé, où
» êtes-vous, Robinson, Robinson Crusoé, où avez-
» vous été ? »

Comme j'avais ramé tout le matin et marché toute l'après-midi, j'étais tellement fatigué, que je ne m'éveillai pas entièrement. J'étais assoupi, moitié endormi et moitié éveillé, et croyais songer que quelqu'un me parlait. Mais la voix continuant de répéter « Robinson Crusoé, Robinson Crusoé, » je m'éveillai enfin tout-à-fait, mais tout épouvanté et dans la dernière consternation. Je me remis un peu néanmoins après avoir vu mon perroquet perché sur la haie : je connus d'abord que c'était lui qui m'avait parlé, car je l'avais ainsi instruit. Souvent il venait se reposer sur mon doigt, et approchant son bec de mon visage, il se mettait à crier : « Pauvre
» Robinson Crusoé, où êtes-vous, où avez-vous été,
» comment êtes-vous venu ici ? » et autres choses semblables.

Mais quoique je fusse certain que personne ne pouvait m'avoir parlé que mon perroquet, j'eus pourtant quelque peine à me remettre. « Comment,
» disais-je, est-il venu dans cet endroit plutôt que
» dans tout autre ? » Comme néanmoins il n'y avait que lui qui pût m'avoir parlé, je quittai ces réflexions; et l'appelant par son nom, cet aimable oiseau vint se reposer sur mon pouce et me disait, comme s'il eût été ravi de me revoir : « Pauvre Robinson Crusoé,
» où avez-vous été ? etc. » Je l'emportai ensuite au logis.

J'avais maintenant assez couru sur mer, et j'avais grand besoin de me reposer et de réfléchir sur les dangers par où j'avais passé. J'aurais été ravi d'avoir mon canot dans la baie qui était près de ma maison ; mais je ne voyais pas que cela fût possible. Je ne voulais plus me hasarder à faire le tour de l'île du côté de l'est. A cette seule pensée mon cœur se resserrait, et mes veines devenaient toutes glacées. Pour l'autre côté de l'île, je ne le connaissais point ; mais j'avais tout lieu de croire que le courant dont j'ai parlé, y régnait aussi bien que vers l'est, et qu'ainsi je courais risque d'y être précipité et d'être emporté bien loin de mon île. Je me passai donc de canot, et me résolus ainsi à perdre les fruits d'un travail de plusieurs mois.

Dans cet état, je vécus plus d'un an dans une vie retirée, comme on peut bien se l'imaginer. J'étais tranquille par rapport à ma condition : je m'étais résigné aux ordres de la Providence ; et hors la société, il ne me manquait rien pour être parfaitement heureux.

Durant cet intervalle de tems, je me perfectionnai beaucoup dans les professions mécaniques, auxquelles la nécessité m'obligeait de recourir, et particulièrement je conclus, vu le manque où j'étais de plusieurs outils, que j'avais des dispositions toutes particulières pour la charpenterie.

Je devins un excellent maître potier ; j'avais inventé une roue admirable, par laquelle je donnai à mes vaisselles, auparavant d'une étrange grossièreté, un tour, une forme très-commode. Je trouvai aussi le moyen de faire une pipe ; cette invention me causa une joie extraordinaire, et, si je l'ose dire, une si grande vanité, que je n'en ai jamais ressenti de pareille dans toute ma vie. Bien qu'elle fût grossière, et de la même couleur et de la même matière que mes autres ustensiles de terre, cependant elle tirait la fumée, et servait assez bien à mon plaisir. J'aimais à fumer, et, dans la croyance qu'il n'y avait point de tabac dans mon île, j'avais négligé de prendre avec moi les pipes qui étaient dans le vaisseau.

2.

Je fis aussi des progrès très-considérables dans la profession de vannier; je trouvai moyen de faire plusieurs corbeilles qui, bien qu'elles fussent mal tournées, ne laissaient pas de m'être utiles. Elles étaient aisées à porter, et propres à y resserrer plusieurs choses et à en aller chercher d'autres. Si, par exemple, je tuais une chèvre, je la pendais à un arbre, je l'écorchais, l'accommodais et la découpais, et ainsi l'apportais au logis. J'en faisais de même à l'égard de la tortue; je l'éventrais, en prenais les œufs et quelques morceaux de sa chair, que j'apportais au logis, dans ma corbeille, laissant tout l'inutile. De profondes corbeilles me servaient de grenier pour mon blé, que j'accommodais dès qu'il était sec.

Ma poudre commençait à diminuer; si elle m'avait manqué, j'étais tout-à-fait hors de pouvoir d'y suppléer de nouveau. Cette pensée me fit craindre pour l'avenir. Qu'aurais-je fait sans poudre? Comment aurais-je pu tuer des chèvres? Je nourrissais, à la vérité, une chevrette depuis huit ans; je l'avais apprivoisée, dans l'espérance que j'attraperais peut-être quelque bouc; mais je ne le pus faire que lorsque ma chevrette fut devenue une vieille chèvre. Je n'eus jamais le courage de la tuer; je la laissai mourir de vieillesse.

Mais étant dans l'onzième année de ma résidence, et mes provisions étant fort raccourcies, je commençai à songer aux moyens d'avoir les chèvres par adresse. Je souhaitais fort d'en attraper qui fussent en vie, et s'il était possible, d'avoir des chevrettes qui portassent.

Pour cet effet, je tendis des filets, et je suis persuadé qu'il y en eut quelques-unes qui s'y prirent; mais comme le fil en était trop faible, elles s'en échappèrent aisément. La vérité est que je trouvais toujours mes filets rompus et les amorces mangées;

je n'en pouvais pas faire de plus forts, je manquais de fil d'archal.

J'essayai de les prendre par le moyen d'un trébuchet. Je fis donc plusieurs creux dans les endroits où elles avaient coutume de paître; je couvris ces creux de claies, que je chargeai de beaucoup de terre, en y parsemant des épis de riz et de blé. Mais mon projet ne réussit point; les chèvres venaient manger mon grain, s'enfonçaient même dans le trébuchet, mais ensuite elles trouvaient le moyen d'en sortir. Je m'avisai donc enfin de tendre encore une nuit, trois trappes; je les allai visiter le lendemain matin, et je trouvai qu'elles étaient encore tendues, mais que les amorces en avaient été arrachées. Tout autre que moi se serait rebuté; mais, au contraire, je travaillai à perfectionner ma trappe; et pour ne vous pas arrêter plus longtems, mon cher lecteur, je vous dirai qu'allant un matin pour visiter mes trappes, je trouvai dans l'une un vieux bouc d'une grandeur extraordinaire, et dans l'autre trois chevreaux, l'un mâle, et les deux autres femelles.

Le vieux bouc était si farouche, que je n'en savais que faire. Je n'osais ni entrer dans son trébuchet, ni, par conséquent, l'emmener en vie; ce que j'aurais néanmoins souhaité avec beaucoup d'ardeur. Il m'aurait été facile de le tuer; mais cela ne répondait point à mon but. Je le dégageai donc, et le laissai dans une pleine liberté. Je ne crois pas qu'on ait jamais vu d'animal s'enfuir avec plus de frayeur. Il ne me revint pas dans l'esprit alors que, par la faim, on pouvait apprivoiser même les lions; car, autrement, je l'aurais laissé dans son trébuchet; et là, le faisant jeûner pendant trois ou quatre jours, et lui apportant ensuite à boire et un peu de blé, je l'aurais apprivoisé avec la même facilité que les trois autres chevreaux. Ces animaux sont fort dociles lorsqu'on leur donne leur nécessaire.

Pour les chevreaux, je les tirai de leur fosse un à un ; et les attachant tous trois à un même cordon, je les amenai chez moi, avec pourtant beaucoup de difficulté.

Il se passa quelque tems avant qu'ils voulussent manger ; mais enfin, tentés par le bon grain que je mettais devant eux, ils commencèrent à manger et à s'apprivoiser. J'espérai pouvoir me nourrir de la chair de chèvre, quand même la poudre et la dragée me manqueraient. Selon toutes les apparences, dis-je, j'aurai dans la suite, et autour de ma maison, un troupeau de boucs à ma disposition.

Il me vint dans la pensée que je devrais enfermer mes chevreaux dans un certain espace de terrain que j'entourerais d'une haie très-épaisse, afin qu'ils ne pussent pas se sauver, et que les chèvres sauvages ne pussent pas les approcher non plus ; car j'appréhendais que, par ce mélange, mes chevreaux ne devinssent sauvages.

Le projet était grand pour un seul homme; mais l'exécution en était d'une nécessité absolue. Je cherchai donc une pièce de terre propre au pâturage, où il y eût de l'eau pour les abreuver, et de l'ombre pour les garantir des chaleurs extraordinaires du soleil.

Ceux qui entendent la manière de faire cette espèce d'enclos, me traiteront sans doute d'homme peu inventif, après qu'ils auront ouï qu'ayant trouvé un lieu tel que je le désirais, c'était une plaine de pâturage, que deux ou trois petits filets d'eau traversaient, et qui, d'un côté, était tout ouverte, et de l'autre aboutissait à de grands bois; ils ne pourront, dis-je, s'empêcher de se jouer de ma grande prévoyance, quand je leur dirai que, selon mon plan, je devais faire une haie d'une circonférence au moins de deux milles. Le ridicule de ce plan n'était pas en ce que la haie était disproportionnée à son enclos, mais en ce que faisant un enclos d'une si grande étendue, les chèvres y auraient pu devenir sauvages, presque ni plus ni moins que si je leur eusse donné la liberté de courir dans l'île; et d'ailleurs je n'aurais jamais pu les attraper.

Ma haie était déjà avancée d'environ cinquante aunes, lorsque cette pensée me vint. Je changeai donc le plan de mon enclos, et je résolus que sa longueur ne serait que d'environ cent vingt aunes, et sa largeur d'environ deux cents. Cela me suffisait; cet espace était assez grand pour qu'un troupeau médiocre de boucs pût s'y maintenir; que s'il devenait fort grand, il m'était aisé d'étendre mon enclos.

Comme ce projet me paraissait bien inventé, j'y travaillai avec beaucoup de vigueur; et pendant tout cet intervalle, je faisais paître mes chevreaux auprès de moi, avec des entraves aux jambes, de crainte qu'ils ne s'échapassent. Je leur donnais souvent des épis d'orge, et quelques poignées de riz. Ils les prenaient dans ma main, et de cette manière je les rendis tellement apprivoisés, que, lorsque mon enclos fut fini et que je les eus débarrassés de leurs entraves, ils me suivaient partout, bêlant pour quelques poignées d'orge ou de riz.

Dans l'espace d'un an et demi, j'eus un troupeau de douze, tant boucs que chèvres et chevreaux; deux ans après, j'en eus quarante-trois, quoique j'en eusse tué plusieurs pour mon usage. Je travaillai après cela à faire cinq nouveaux enclos, mais plus petits que le premier. J'y fis plusieurs petits parcs, pour y chasser les chèvres, afin de les prendre plus commodément; et des portes, afin qu'elles pussent passer d'un enclos dans un autre.

Ce ne fut qu'assez tard que je songeai à profiter du lait de mes chèvres. La première pensée que j'en eus, me causa un très-grand plaisir. Ainsi, sans balancer long-tems, je fis une laiterie. Mes chèvres me rendaient quelquefois huit ou dix pintes de lait par jour : je n'avais jamais trait ni vache, ni chèvre, et n'avais jamais vu faire le beurre ni le fromage ; mais comme la nature, en fournissant aux animaux tous les alimens qui leur sont nécessaires, leur dicte en même tems les moyens d'en faire usage, ainsi moi je vins à bout, après néanmoins bien des essais et plusieurs fausses tentatives, de faire du beurre et du fromage, et depuis je n'en ai jamais manqué.

Que la bonté de Dieu paraît bien visiblement, en ce qu'il tempère les conditions qui semblaient les plus affreuses, par des marques particulières de son affection et de sa protection! En combien de manières ne peut-il pas adoucir l'état le plus fâcheux, et fournir à ceux-là même qui sont dans les plus noirs cachots, de puissans motifs pour lui rendre leurs plus sincères actions de grâces! Quelle apparence pour moi que, dans ce désert, où je croyais périr de faim, je dusse trouver une table aussi abondante!

Il n'y avait point de stoïcien qui ne se fût diverti de me voir dîner avec toute ma famille. J'étais le roi et le seigneur de toute l'île ; maître absolu de tous mes sujets, j'avais en ma puissance leur vie et leur mort. Je pouvais les pendre, les écarteler, les priver de leur liberté, et la leur rendre. Point de rebelles dans mes états.

Je dînais comme un roi, à la vue de toute ma cour ; mon perroquet, comme s'il eût été mon favori, avait seul la permission de parler. Mon chien, qui alors était devenu vieux et chagrin, et qui n'avait pas d'animaux de son espèce pour la multiplier, était toujours assis à ma droite. Mes deux chats étaient l'un à un bout de la table, et l'autre à l'autre bout, attendant que, par une faveur spéciale, je leur donnasse quelques morceaux de viande.

Ces deux chats n'étaient pas les mêmes que ceux que j'apportai avec moi du vaisseau : il y avait long-tems qu'ils étaient morts et enterrés de mes propres mains. Mais l'un ayant fait des petits, de je ne sais quelle espèce d'animal, j'apprivoisai ces deux, car les autres s'enfuirent dans les bois et devinrent sauvages. Ils s'étaient tellement multipliés, qu'ils me devinrent très-incommodes. Ils pillaient tout ce qu'ils pouvaient de mes provisions ; je ne pus m'en défaire qu'en les tuant.

Je souhaitais fort d'avoir mon canot, mais je ne pouvais me résoudre à m'exposer à de nouveaux hasards. Quelquefois je songeais aux moyens de l'amener, en côtoyant, dans ma baie, et d'autres fois je m'en consolais. Mais il me prit un jour une si violente envie de faire un voyage à la pointe de l'île où j'avais déjà été, et d'observer de nouveau les côtes en montant sur la petite colline dont j'ai parlé ci-dessus, que je ne pus résister à mon penchant. Je m'y acheminai donc. Si dans la province d'*Yorck* on rencontrait un homme dans l'équipage où j'étais alors, ou l'on s'épouvanterait, ou l'on ferait des éclats de rire extraordinaires. Formez-vous une idée de ma figure sur ce portrait abrégé que j'en vais faire.

Je portais un chapeau d'une hauteur effroyable et sans forme, fait de peaux de chèvres. J'y avais attaché par-derrière la moitié d'une peau de bouc, qui me couvrait tout le cou : c'était afin de me préserver des chaleurs du soleil, et que la pluie n'entrât pas sous mes habits ; car dans ces climats rien n'est plus dangereux.

J'avais une espèce de robe courte, faite de même que mon chapeau, de peaux de chèvres. Les bords en descendaient jusque sous mes genoux, mes culottes étaient tout ouvertes : c'était la peau d'un vieux bouc. Le poil était d'une longueur si extraordinaire, qu'il descendait tout comme font les pantalons, jusqu'au milieu de ma jambe. Je n'avais ni bas ni souliers ; mais je m'étais fait pour mes jambes une paire de je ne sais quoi, qui ressemblait néanmoins assez à des bottines : je les attachais comme on fait des guêtres. Elles étaient, de même que tous mes autres habits, d'une forme étrange et barbare.

J'avais un ceinturon fait de la même étoffe que mes habits. Au lieu d'une épée et d'un sabre, je portais une scie et une hache, l'une d'un côté et l'autre de l'autre. Je portais un autre ceinturon, mais qui n'était pas aussi large ; il pendait par-dessus mon cou ; et, à son extrémité, qui était sous le bras gauche, pendaient deux poches faites de la même manière que le reste ; dans l'une je mettais ma poudre, et dans l'autre ma dragée. Sur mon dos je portais une corbeille ; sur mes épaules un fusil, et sur ma tête un parasol assez grossièrement travaillé, mais qui, après mon fusil, était ce dont j'avais plus de besoin.

Pour mon visage, il n'était pas aussi brûlé qu'on l'aurait pu croire d'un homme qui n'en prenait aucun soin, et qui n'était éloigné de la ligne équinoxiale que de huit à neuf degrés. Pour ma barbe, je l'avais une fois laissé croître jusqu'à la longueur d'un quart d'aune ; mais comme j'avais des ciseaux et des rasoirs, je me la coupais ordinairement d'assez près, hors celle qui me croissait sur la lèvre inférieure. Je m'étais fait un plaisir d'en faire une moustache à la mahométane, et telle que la portaient les Turcs que j'avais vus à Salé, car les Maures n'en portent point. Je ne dirai pas ici que mes moustaches étaient si longues que j'y aurais pu pendre mon chapeau ; mais j'ose bien dire qu'elles étaient d'une longueur et d'une conformation si monstrueuse, qu'en Angleterre elles auraient paru effroyables.

Mais ceci soit dit en passant. Je reviens au récit

de mon voyage : j'y employai cinq ou six jours, marchant d'abord le long des côtes, droit vers le lieu où j'avais mis autrefois mon canot à l'ancre. De là je découvris bien aisément la colline où j'avais fait mes observations. J'y montai, et quel fut mon étonnement de voir la mer calme et tranquille ! point de mouvement impétueux, point de courant, non plus que dans ma petite baie.

Je donnai la torture à mon esprit, afin de pénétrer les raisons de ce changement. Je me résolus à observer la mer pendant quelque tems, car je conjecturais que le furieux courant dont j'ai parlé n'avait d'autre cause que le reflux de la marée. Je ne fus pas long-tems sans être au fait de cette étrange mutation de la mer, car je vis à n'en pouvoir pas douter, que le reflux de la marée, partant de l'ouest et se joignant au cours de quelque rivière, était la cause du courant qui m'avait emporté avec tant de violence. Et, selon que les vents de l'ouest et du nord étaient plus ou moins violens, le courant, aussi élevé, s'étendait jusque sur l'île, ou se perdait à une moindre distance dans la mer. Il n'était pas encore midi lorsque je faisais toutes ces observations ; mais celles que je fis sur le soir me confirmèrent dans mon opinion. Je revis le courant tout de même que je l'avais vu autrefois, avec cette différence pourtant qu'il ne portait pas directement à mon île : il s'en éloignait d'une demi-lieue.

De toutes ces observations je conclus qu'en remarquant le tems du flux et du reflux de la marée, il me serait très-aisé d'amener mon canot auprès de ma maison. Mais le souvenir des dangers passés me causait une frayeur si extraordinaire, que je n'osai jamais porter ce projet à son exécution. J'aimai mieux prendre une autre résolution, qui était plus sûre, quoique plus laborieuse : c'était de faire un autre canot. Ainsi j'en aurais eu deux, l'un pour ce côté de l'île, et l'autre pour l'autre côté.

J'avais donc à présent deux plantations, s'il est permis de m'exprimer ainsi. L'une était ma tente ou ma petite forteresse, entourée de sa palissade et creusée dans le roc : j'y avais plusieurs chambres. Dans celle qui était la moins humide et la plus grande, et qui avait une porte pour sortir hors de la palissade, je tenais les grands pots de terre dont j'ai fait ci-dessus la description, et quatorze ou quinze corbeilles, dont chacune contenait cinq ou six boisseaux. Dans ces corbeilles je mettais mes provisions et particulièrement mes grains ; les uns encore dans leurs épis, et les autres tout nus, les ayant froissés hors de leurs épis avec les mains.

Les pieux de ma palissade étaient devenus de grands arbres, et tellement touffus, qu'il était comme impossible d'apercevoir qu'ils renfermassent dans leur centre aucune espèce de lieu habité.

Tout auprès, mais dans un lieu moins élevé, j'avais comme une petite terre pour y semer mes grains. Et comme je la tenais toujours fort bien cultivée, j'en tirais chaque année une abondante récolte. S'il y avait eu de la nécessité pour moi d'avoir plus de grains, j'aurais pu l'agrandir sans beaucoup de peine.

Outre cette plantation j'en avais une autre assez considérable ; je l'appelais ma maison de campagne. J'y avais un petit berceau que j'entretenais avec beaucoup de soin, c'est-à-dire que j'émondais la haie qui fermait ma plantation de manière qu'elle n'excédât pas sa hauteur ordinaire. Les arbres qui, au commencement, n'étaient que des pieux, mais qui étaient devenus hauts et fermes, je les cultivais de façon qu'ils pussent étendre leurs branches, devenir touffus, et par-là jeter un agréable ombrage. Au milieu de ce circuit, j'avais ma tente ; c'était une pièce d'une voile que j'avais étendue sur des perches. Sous cette tente je plaçai un lit de repos, une petite couche faite de la peau des bêtes que j'avais tuées, et d'autres choses molles. Une couverture de lit que j'avais sauvée du naufrage et un gros surtout, servaient à me couvrir. Voilà quelle était ma maison de campagne, où je me retirais lorsque mes affaires ne me retenaient point dans ma capitale.

A côté, et tout aux environs de mon berceau, étaient les pâturages de mon bétail, c'est-à-dire de mes chèvres; et comme j'avais pris des peines inconcevables à partager ces pâturages en divers enclos, j'étais aussi fort soigneux d'en préserver les haies. Je portai même mon travail sur cet article jusqu'à planter tout autour de mes haies de petits pieux en très-grand nombre et fort serrés. C'était une palissade plutôt qu'une haie. On n'y pouvait pas fourrer la main; et dans la suite ces pieux ayant pris racine, et étant crûs, comme ils firent par le premier tems pluvieux, rendirent mes haies aussi fortes, et même plus fortes que les meilleures murailles.

Tous ces travaux témoignaient bien que je n'étais pas paresseux, et que je n'épargnais ni soins ni peines pour me procurer de quoi vivre avec quelque aisance. « Le troupeau de boucs, me disais-je » en moi même, est pour toute ma vie, fût-elle de » quarante années, un magasin vivant de viande, » de lait, de beurre et de fromage. Je ne dois donc » rien négliger pour ne pas les perdre. »

Mes vignes étaient dans ces quartiers; j'en tirais des provisions de raisins pour tout l'hiver. Je les ménageais avec toute la précaution possible : c'étaient mes mets les plus délicieux. Ils me servaient de médecine, de nourriture et de rafraîchissemens.

D'ailleurs cet endroit était justement à mi-chemin

de ma forteresse et de la baie où j'avais mis mon canot. Lorsque j'allais le visiter, je m'y arrêtais et y couchais une nuit. J'ai toujours eu grand soin de mon canot : je prenais beaucoup de plaisir à me promener sur la mer, mais ce n'était que sur ses bords ; je n'osais m'en éloigner tout au plus que de deux jets de pierre. J'appréhendais que le vent, quelque courant, ou quelque autre hasard, ne m'emportât bien loin de mon ile. Mais me voici insensiblement arrivé à une condition de vie bien différente que celle que j'ai dépeinte jusqu'ici.

Un jour, comme j'allais à mon canot, je découvris très-distinctement sur le sable les marques d'un pied nu d'homme. Je n'eus jamais une plus grande frayeur ; je m'arrêtai tout court, comme si j'eusse été frappé de la foudre, ou comme si j'eusse eu quelque apparition. Je me mis aux écoutes, je regardai tout autour de moi, mais je ne vis rien et je n'entendis rien : je montai sur une petite éminence pour étendre ma vue : j'en descendis et j'allai au rivage, mais je n'aperçus rien de nouveau, aucun autre vestige d'homme que celui dont j'ai parlé. J'y retournai, dans l'espérance que ma crainte n'était peut-être qu'une imagination sans fondement, mais je revis les mêmes marques d'un pied nu, les orteils, le talon, et tous les autres indices d'un pied d'homme. Je ne savais qu'en conjecturer : je m'enfuis à ma fortification tout troublé, regardant derrière moi presque à chaque pas, et prenant tous les buissons que je rencontrais, pour des hommes. Il n'est pas possible de décrire les diverses figures qu'une imagination effrayée trouve dans tous les objets. Combien d'idées folles et de pensées bizarres ne m'est-il pas venu dans l'esprit, pendant que je m'enfuyais à ma forteresse !

Je n'y fus pas plus tôt arrivé, que je m'y jetai comme un homme qu'on poursuit. Il ne me souvient pas si j'y entrai ou par l'échelle, ou par le trou qu était dans le roc, et que j'appelais une porte J'étais trop effrayé pour en garder le souvenir. Jamais lapin ni renard ne se terra avec plus de frayeur que je me sauvai dans mon château, car c'est ainsi que je l'appelerai dans la suite.

Je ne pus dormir de toute la nuit: à mesure que je m'éloignais de la cause de ma frayeur, mes craintes s'augmentaient aussi; bien opposé à cet égard à ce qui arrive ordinairement à tous les animaux qui ont peur. Mais mes idées effrayantes me troublaient tellement, que, bien qu'éloigné de l'endroit où j'avais pris cette crainte, mon imagination ne me représentait rien qui ne fût triste et affreux. Je m'imaginais quelquefois que c'était le *diable* : j'en avais cette raison, qu'il était impossible pour un homme d'être venu dans cet endroit. Où était le vaisseau qui l'avait amené? Y avait-il quelque autre marque d'aucun pied d'homme dans toute l'île? Mais cependant, dis-je, quelle apparence que *Satan* se revête dans cette île d'une figure humaine? Quel pourrait être en cela son but? Pourquoi laisser une marque de son pied? Etait-il sûr que je le rencontrasse? Le *diable* n'avait-il pas d'autres moyens de m'effrayer? Je vivais dans l'autre quartier de l'île, et s'il eût eu le dessein de me donner de la terreur, il n'aurait pas été si simple que de laisser des vestiges si équivoques dans un lieu où il y avait mille à parier contre un que je ne le verrais pas; dans un lieu qui, sablonneux, ne pouvait pas conserver long-tems ces marques qui y étaient imprimées. En un mot, la conjecture que *Satan* avait fait cette marque, ne pouvait pas s'accorder avec les idées que nous avons de sa subtilité et de son adresse.

Toutes ces preuves étaient plus que suffisantes pour détourner mon esprit de la crainte du *diable*, et pour me faire conclure que des êtres encore plus dangereux étaient la cause de ce que je venais d'apercevoir : je m'imaginais que ce ne pouvait être que des sauvages du continent, qui, ayant mis en mer avec leurs canots, avaient été portés dans l'île par les vents contraires ou par les courans, et qui avaient eu aussi peu d'envie de rester sur ce rivage désert, que j'en avais de les y voir.

Pendant que ces réflexions roulaient dans mon esprit, je rendais grâces au ciel de ce que je n'avais pas été alors dans cet endroit de l'île, et de ce qu'ils n'avaient pas remarqué ma chaloupe, dont ils auraient certainement conclu que l'île était habitée; ce qui les aurait pu porter à me chercher et à me découvrir.

Dans certains momens je m'imaginais que ma chaloupe avait été trouvée, et cette pensée m'agitait de la manière la plus cruelle; je m'attendais à les voir revenir en plus grand nombre, et je craignais que, quand même je pourrais me dérober à leur barbarie, ils ne trouvassent mon enclos, ne détruisissent mon blé, n'emmenassent mon troupeau, et ne me forçassent à mourir de disette.

C'est alors que mes appréhensions bannirent de mon cœur toute ma confiance en Dieu, fondée sur l'expérience merveilleuse que j'avais faite de ses bontés pour moi; comme si celui qui jusqu'à ce jour m'avait nourri par une espèce de miracle, manquait de pouvoir pour me conserver les choses que j'avais reçues de ses mains paternelles! Dans cette situation, je me reprochais la paresse de n'avoir semé qu'autant de grain qu'il m'en fallait jusqu'à la saison nouvelle, et je trouvais ce reproche si juste, que je pris la résolution de me pourvoir toujours pour deux ou trois années, afin de n'être pas exposé à périr de faim, quelque accident qui pût m'arriver.

De combien de sources secrètes, opposées les unes aux autres, les différentes circonstances ne font-elles pas sortir nos passions ? Nous haïssons le soir ce que nous avions chéri hier : nous désirons un objet avec passion, et quelques momens après nous ne saurions seulement en soutenir l'idée. J'étais alors un triste et vif exemple de cette vérité. Autrefois je m'affligeais de me voir entouré du vaste océan, condamné à la solitude, banni de la société humaine ; je me regardais comme un homme que le ciel trouvait indigne d'être au nombre des vivans, et de tenir le moindre rang parmi les créatures. La seule vue d'un homme m'aurait paru une espèce de résurrection, et la plus grande grâce, après le salut, que je pusse obtenir de la bonté divine. A présent je tremble à la seule idée d'un être de mon espèce ; l'ombre d'une créature humaine, un seul de ses vestiges me cause les plus mortelles frayeurs.

Telles sont les vicissitudes de la vie humaine ; source féconde de réflexions pour moi, lorsque je me trouve dans une assiette plus calme.

Dès que je fus un peu remis de mes alarmes, je considérai que ma triste situation était l'effet d'une providence infiniment bonne, infiniment sage ; qu'incapable, d'un côté, de pénétrer dans les vues de la sagesse suprême à mon égard, je commettais de l'autre la plus haute injustice, en prétendant me soustraire à la souveraineté d'un être qui, comme mon créateur, a un droit absolu de disposer de mon sort, et qui, comme mon juge, est le maître de punir comme il le trouve à propos ; puisque je m'étais attiré son indignation par mes péchés, c'était à moi à plier sous ses châtimens. Je songeais que Dieu, aussi puissant que juste, ayant trouvé bon de m'affliger, avait le pouvoir de me tirer de mes malheurs, et que, s'il continuait à appesantir sa main sur moi, j'étais obligé à attendre, dans une résignation parfaite, les intentions de sa providence, en continuant d'espérer en lui et de lui adresser mes prières.

Ces réflexions m'occupèrent des heures, des jours, et même des semaines et des mois, et je ne saurais m'empêcher d'en rapporter une particularité qui me frappa beaucoup. Un matin, étant dans mon lit, inquiété par mille pensées touchant le danger que j'avais à craindre des sauvages du continent, je me trouvai dans l'accablement le plus triste, quand tout d'un coup ce passage me vint dans l'esprit : « Invoque-moi au jour de ta détresse » et je t'en délivrerai, et tu me glorifieras. »

Là-dessus je me lève, non-seulement rempli d'un nouveau courage, mais encore porté à demander à Dieu ma délivrance par les plus ferventes prières. Quand elles furent finies, je pris la Bible, et en l'ouvrant, les premières paroles qui frappèrent mes yeux étaient celles-ci : « Attends-toi au Seigneur et » aie bon courage, et il fortifiera ton cœur; attends-» toi, dis-je, au Seigneur. » La consolation que j'en tirai est inexprimable. Elle remplit mon âme de reconnaissance pour la Divinité, et dissipa absolument mes frayeurs.

Parmi ce flux et reflux de pensées et d'inquiétudes, je me mis dans l'esprit, un jour, que le sujet de ma crainte n'était peut-être que chimère, et que le vestige que j'avais remarqué pourrait bien être la marque de mon propre pied. Peut-être, dis-je, en sortant de ma chaloupe, ai-je pris le même chemin qu'en y entrant; mes propres vestiges m'ont effrayé, et j'ai joué le rôle de ces fous qui font des histoires de spectres et d'apparitions, et qui ensuite sont plus alarmés de leurs fables que ceux devant qui ils les débitent.

Là-dessus je repris courage, et je sortis de ma retraite pour aller fureter partout à mon ordinaire ; je n'étais pas sorti de mon château pendant trois jours et autant de nuits, et je commençais à languir de faim, n'ayant rien chez moi que quelques biscuits et de l'eau ; je songeai d'ailleurs que mes chèvres avaient grand besoin d'être traites, ce qui fait d'ordinaire mon amusement du soir. Je n'avais pas tort d'en être en peine ; les pauvres animaux avaient beaucoup souffert, plusieurs en étaient très-fatigués, et le lait de la plupart était desséché.

Encouragé donc par la pensée que je n'avais eu peur que de ma propre ombre, je fus à ma maison de campagne pour traire mon troupeau ; mais on m'aurait pris pour un homme agité par la plus mauvaise conscience, à voir avec quelle crainte je marchais, combien de fois je regardais derrière moi ; à me voir de tems en tems poser à terre mon seau à lait, et courir comme s'il s'agissait de me sauver la vie. Cependant y ayant été de cette manière-là pendant deux ou trois jours, je devins plus hardi, et je me confirmai dans le sentiment que j'avais été la dupe de mon imagination ; je ne pouvais pas pourtant en être convaincu avant que de me transporter sur les lieux, et de mesurer le vestige qui m'avait donné tant d'inquiétude. Dès que je fus dans l'endroit en question, je vis évidemment qu'il n'était pas possible que je fusse sorti de ma barque près de là ; qui plus est, je trouvai le vestige dont il s'agit bien plus grand que mon pied, ce qui remplit mon cœur de nouvelles agitations, et mon cerveau de nouvelles peurs : un frisson me saisit comme si j'avais eu la fièvre, et je m'en retournai chez moi, persuadé que des hommes étaient descendus sur ce rivage, ou bien que l'île était habitée, et que je courais risque d'y être attaqué à l'improviste, sans savoir de quelle manière me précautionner.

Dans quelles bizarres résolutions les hommes ne tombent-ils pas, quand ils sont agités par la crainte ?

Cette passion les détourne de se servir des moyens que la raison même leur offre pour les secourir. Je me proposai d'abord de jeter à bas mes enclos, de faire rentrer dans les bois mon troupeau apprivoisé, et d'aller chercher dans un autre coin de l'île des commodités pareilles à celles que je voulais sacrifier à ma conservation. Je résolus encore de renverser ma maison de campagne et ma hutte, et de bouleverser mes deux terres couvertes de blé, afin d'ôter aux sauvages jusqu'aux moindres soupçons capables de les animer à la découverte des habitans de l'île.

C'était là le sujet de mes réflexions pendant la nuit suivante, quand les frayeurs qui avaient saisi mon âme étaient encore dans toute leur force. C'est ainsi que la peur du danger est mille fois plus effrayante que le danger lui-même, quand on le considère de près ; c'est ainsi que l'inquiétude que cause un mal éloigné, est souvent infiniment plus insupportable que le mal même. Ce qu'il y avait de plus affreux dans ma situation, c'est que je ne tirai aucun secours de la résignation qui m'avait été autrefois si familière. Je me considérai comme un autre *Saül*, qui se plaignait non-seulement que les Philistins étaient sur lui, mais encore que Dieu l'avait abandonné : je ne songeais point à me servir des véritables moyens de me tranquilliser, en criant à Dieu dans mes inquiétudes, et en me reposant sur sa Providence, comme j'avais fait autrefois. Si j'avais pris cette même route, je me serais roidi avec plus de fermeté contre mes nouvelles appréhensions, et je m'en serais débarrassé avec une résolution plus grande.

Cette confusion de pensées me tint éveillé pendant toute la nuit : mais à l'approche du jour je m'endormis, et la fatigue de mon âme et l'épuisement de mes esprits me procurèrent un sommeil très-profond. Quand je me réveillai, je me trouvai beaucoup plus tranquille, et je commençai à raisonner sur mon état d'une manière calme. Après un long plaidoyer avec moi-même, je conclus qu'une île si agréable, si fertile, si voisine du continent, ne devait pas être autant abandonnée que je l'avais cru ; qu'à la vérité il n'y avait point d'habitans fixes, mais qu'apparemment on y venait quelquefois avec des chaloupes, ou de propos délibéré, ou par la force des vents contraires. De l'expérience de quinze années, dans lesquelles j'avais toujours vécu, et n'avais pas aperçu seulement l'ombre d'une créature humaine, je croyais pouvoir inférer que si de tems en tems les gens du continent étaient forcés d'y prendre terre, ils se rembarquaient dès qu'ils pouvaient, puisque jusqu'ici ils n'avaient pas trouvé à propos de s'y établir. Je vis parfaitement bien que tout ce que j'avais à craindre, c'étaient ces descentes accidentelles, contre lesquelles la prudence voulait que je cherchasse une retraite sûre.

Je commençai alors à me repentir d'avoir percé ma caverne si avant, et de lui avoir donné une sortie dans l'endroit où ma fortification joignait le rocher. Pour remédier à cet inconvénient, je résolus de me faire un second retranchement dans la même figure d'un demi-cercle, à quelque distance de mon rempart, justement là où douze ans avant j'avais planté une double rangée d'arbres. Je les avais mis si serrés, qu'il ne me fallait qu'un petit nombre de palissades entre deux pour en faire une fortification suffisante.

De cette manière j'étais retranché dans deux remparts : celui de dehors était rembarré de pièces de bois, de vieux câbles et de tout ce que j'avais jugé propre à le renforcer, et je le rendis épais de plus de dix pieds à force d'y apporter de la terre et de lui donner de la consistance en marchant dessus.

J'y fis cinq ouvertures assez larges pour y passer le bras, dans lesquelles je mis les cinq mousquets que j'avais tirés du vaisseau, comme j'ai dit auparavant, et je les plaçai en guise de canons sur des espèces d'affûts, de telle manière que je pouvais faire feu de toute mon artillerie en deux minutes de tems : je me fatiguai pendant plusieurs mois à mettre ce retranchement dans sa perfection, je n'eus point de repos avant que de le voir fini.

Cet ouvrage étant achevé, je remplis un grand espace de terre hors du rempart, de rejetons d'un bois semblable à de l'osier, propre à s'affermir et à croître en peu de tems ; je crois que j'en fichai dans la terre, en une seule année, plus de vingt mille, de manière que je laissais un vide assez grand entre ces bois et mon rempart, afin de pouvoir découvrir l'ennemi, et qu'il ne pût me dresser des embuscades au milieu de ces jeunes arbres.

Deux ans après ils formaient déjà un bocage épais ; et dans six ans, j'avais devant ma demeure une forêt d'une telle épaisseur et d'une si grande force, qu'elle était absolument impénétrable, et qu'âme qui vive ne se serait mis dans l'esprit qu'elle cachât l'habitation d'une créature humaine.

Comme je n'avais point laissé d'avenue à mon château, je me servais pour y entrer et pour en sortir de deux échelles ; avec la première je montais jusqu'à un endroit du roc où il y avait place pour poser la seconde, et quand je les avais retirées l'une et l'autre, il n'était pas possible à âme vivante de venir à moi sans courir les plus grands dangers. D'ailleurs, quand quelqu'un aurait eu assez de bonheur pour descendre du roc, il se serait encore trouvé au-delà de mon retranchement extérieur.

C'est ainsi que je pris pour ma conservation toutes les mesures que la prudence humaine était capable de me suggérer ; et l'on verra bientôt que ces précautions n'étaient pas absolument inutiles, quoique ce ne fût alors qu'une crainte vague qui me les inspirât.

Pendant ces occupations, je ne laissais pas d'avoir l'œil sur mes autres affaires; je m'intéressais surtout à mon petit troupeau de chèvres, qui commençait non-seulement à être d'une grande ressource pour moi dans les occasions présentes, mais qui, pour l'avenir, me faisait espérer l'épargne de mon plomb, de ma poudre et de mes fatigues, que sans elles j'aurais dû employer dans la chasse des chèvres sauvages. J'aurais été au désespoir de perdre un avantage si considérable, et d'être obligé à la peine d'assembler et d'élever un troupeau nouveau.

Après une mûre délibération, je ne trouvai que deux moyens de les mettre hors d'insulte. Le premier était de creuser une autre caverne sous terre, et de les y faire entrer toutes les nuits; et le second, de faire deux ou trois petits enclos, éloignés les uns des autres, et les plus cachés qu'il fût possible, dans chacun desquels je pusse renfermer une demi-douzaine de jeunes chèvres, afin que si quelque désastre arrivait au troupeau en général, je pusse le remettre sur pied en peu de tems et avec peu de peine : quoique ce dernier parti demandât beaucoup de fatigue et de tems, il me parut le plus raisonnable.

Pour exécuter ce dessein, je me mis à parcourir tous les recoins de l'île, et je trouvai bientôt un endroit aussi détourné que je souhaitais. C'était une pièce de terre unie, au beau milieu des bois les plus épais, où, comme j'ai dit, j'avais failli à me perdre un jour en revenant de la partie orientale de l'île. C'était déjà une espèce d'enclos dont la nature avait presque fait tous les frais, et qui, par conséquent, n'exigeait pas un travail si rude que celui que j'avais employé à mes autres enclos.

Je mis aussitôt la main à l'œuvre, et en moins

d'un mois, j'avais si bien aidé la nature, que mes chèvres, qui étaient passablement bien apprivoisées, pouvaient être en sûreté dans cet asile. J'y conduisis d'abord deux femelles et deux mâles; après quoi je me mis à perfectionner mon ouvrage à loisir.

Le seul vestige d'un homme me coûta tout ce travail, et il y avait déjà deux ans que je vivais dans ces transes mortelles, qui répandaient une grande amertume sur ma vie; comme s'imagineront sans peine tous ceux qui savent ce que c'est que d'être engagé perpétuellement dans les piéges d'une terreur panique. Je dois remarquer ici avec douleur que les troubles de mon esprit dérangeaient extrêmement ma piété; car la crainte de tomber entre les mains des anthropophages occupait tellement mon imagination, que je me trouvais rarement en état de m'adresser à mon Créateur avec ce calme et cette résignation qui m'avaient été autrefois ordinaires. Je ne priais Dieu qu'avec l'accablement d'un homme environné de dangers, et qui doit s'attendre chaque soir à être mis en pièces et mangé avant la fin de la nuit; et ma propre expérience m'oblige d'avouer qu'un cœur rempli de tranquillité, d'amour et de reconnaissance pour son Créateur, est beaucoup plus propre à cet exercice de piété qu'une âme saisie et troublée par de continuelles appréhensions. A mon avis, le dérangement d'esprit causé par la crainte d'un malheur prochain, nous rend aussi incapables de former une bonne prière, qu'une maladie qui nous attère dans un lit de mort, nous rend peu disposés à une véritable repentance.

La prière est un acte de l'esprit, et un esprit malade doit avoir bien de la peine à s'en acquitter comme il faut.

Après avoir mis de cette manière en sûreté une partie de ma provision vivante, je parcourus toute l'île pour chercher un second lieu propre à recevoir un pareil dépôt. Un jour, m'avançant davantage vers la pointe occidentale de l'île, que je n'avais encore fait, je crus voir d'une hauteur où j'étais, une chaloupe bien avant dans la mer : j'avais trouvé quelques lunettes d'approche dans un des coffres que j'avais sauvés du vaisseau ; mais par malheur je n'en avais pas alors sur moi, et je ne pus pas distinguer l'objet en question, quoique j'eusse fatigué mes yeux à force de les fixer. Ainsi je restai dans l'incertitude si c'était une chaloupe ou non, et je pris la résolution de ne plus sortir jamais sans une de mes lunettes.

Etant descendu de la colline, et me trouvant dans un endroit où je n'avais pas été auparavant, je fus pleinement convaincu qu'un vestige d'homme n'était pas une chose fort rare dans mon île, et que, si une Providence particulière ne m'avait jeté du côté où les sauvages ne venaient jamais, j'aurais su qu'il est très-ordinaire aux *canots* du continent de chercher une rade dans cette île, quand ils se trouvaient par hasard trop avant dans la haute mer. J'aurais appris encore qu'après quelques combats navals les vainqueurs menaient leurs prisonniers sur mon rivage pour les tuer et pour les manger en vrais cannibales comme ils étaient.

Ce qui m'instruisit de ce que je viens de dire, était un spectacle que je vis alors sur le rivage du côté du sud-ouest ; spectacle qui me remplit d'étonnement et d'horreur. J'aperçus la terre parsemée de crânes, de mains, de pieds et d'autres ossemens d'hommes : j'observai près de là les restes d'un feu, et un banc creusé dans la terre en forme de cercle, où sans doute ces abominables sauvages s'étaient placés pour faire leur affreux festin.

Cette cruelle vue suspendit pour quelque tems les idées de mes propres dangers ; toutes mes appréhensions étaient étouffées par les impressions que me donnait cette brutalité infernale. J'en avais entendu parler souvent, et cependant la vue m'en choqua comme si la chose ne m'était jamais entrée dans l'imagination : je détournai mes yeux de ces horreurs ; je sentais de cruelles pensées, et je serais tombé en faiblesse si la nature ne m'avait soulagé par un vomissement très-violent : quoique revenu à moi-même, je ne pus me résoudre à rester dans cet endroit, et je tournai mes pas du côté de ma demeure.

Quand je fus éloigné de ce lieu horrible, je m'arrêtai tout court comme un homme frappé de la foudre ; et, quand j'eus repris mes sens, j'élevai mes yeux au ciel, et, le cœur attendri, les yeux pleins de larmes, je rendis grâces à Dieu de ce qu'il m'avait fait naître dans une partie du monde éloignée d'un si abominable peuple ; je le remerciai de ce que, dans ma condition que j'avais trouvée misérable, il m'avait donné tant de différentes consolations, surtout celle de le connaître et d'avoir lieu d'espérer en ses bontés ; félicité qui contre-balançait abondamment toute la misère que j'avais soufferte, et que je pouvais souffrir encore.

L'âme pleine de ces sentimens de reconnaissance, je revins chez moi plus tranquille que je n'avais été auparavant, parce que je remarquais que ces misérables n'abordaient jamais l'île dans le dessein de s'y mettre en possession de quelque chose, n'ayant pas besoin d'y rien chercher, ou ne s'attendant pas apparemment d'y trouver grand'chose, en quoi ils étaient peut-être confirmés par les courses qu'ils pouvaient avoir faites dans les forêts.

J'avais déjà passé dix-huit ans sans rencontrer personne, et je pouvais espérer d'en passer encore avec le même bonheur, à moins de me découvrir moi-même (ce qui n'était nullement dans mon dessein), et de trouver l'occasion de faire connais-

Tom. 2. P. 40.

Je détournai mes yeux de ces horreurs....

sance avec une meilleure espèce d'hommes que les cannibales.

Cependant l'horreur qui me resta de leur brutale coutume, me jeta dans une espèce de mélancolie, qui me tint pendant deux ans renfermé dans mes *propres domaines*, j'entends par-là *mon château, ma maison de campagne et mon nouvel enclos dans les bois*. Je n'allais dans ce dernier lieu, qui était la demeure de mes chèvres, que quand il le fallait absolument; car la nature m'inspirait une si grande aversion pour ces abominables sauvages, que j'avais aussi peur de les voir que de voir le *diable* en propre personne. Je n'avais garde non plus d'aller examiner l'état de ma chaloupe, et je résolus plutôt d'en construire une autre; car de faire le tour de l'île avec la vieille, afin de l'approcher de mon habitation, il n'y fallait pas songer; c'était le vrai moyen de les rencontrer en mer, et de tomber en leurs mains.

Le tems et la certitude où j'étais que je ne courais aucun risque d'être découvert, me remirent peu à peu dans ma manière de vivre ordinaire, excepté que j'avais l'œil plus alerte qu'auparavant et que je ne tirais plus mon fusil de peur d'exciter la curiosité des sauvages, si par hasard ils se trouvaient dans l'île. C'était par conséquent un grand bonheur pour moi de m'être pourvu d'un troupeau de chèvres apprivoisées, et de n'être pas contraint d'aller à la chasse des sauvages; si j'en attrapais quelques-unes, ce n'était que par le moyen de piéges et de trappes. Je ne sortais pourtant jamais sans mon mousquet; et comme j'avais sauvé trois pistolets du vaisseau, j'en avais toujours deux pour le moins que je portais dans ma ceinture de peau de chèvre. J'y ajoutais un de mes grands coutelas que je m'étais mis à fourbir, et pour lequel j'avais fait de la même peau un porte-épée. On croira facilement que dans mes sorties j'avais l'air formidable, si l'on ajoute à la description que j'ai faite auparavant de ma figure, les deux pistolets, et ce large sabre qui pendait à mon côté sans fourreau.

Ces précautions nécessaires étaient la seule chose qui m'inquiétait en quelque sorte; et considérant ma condition d'un œil tranquille, je commençai à ne la trouver guère misérable en comparaison de bien d'autres; en réfléchissant là-dessus, je vis qu'il y aurait peu de murmure parmi les hommes, dans quelque état qu'ils pussent se trouver, s'ils se portaient à la reconnaissance par la considération d'un état plus déplorable, plutôt que de nourrir leurs plaintes en portant leurs yeux sur ceux qui sont plus heureux.

Quoique peu de choses me manquassent, j'étais sûr pourtant que mes frayeurs et les soins que j'avais eus de ma conservation, avaient émoussé ma subtilité ordinaire dans la recherche de mes commodités : entre autres choses j'avais négligé un bon dessein qui m'avait occupé autrefois, savoir de sécher une partie de mon grain, et de le rendre propre à faire de la bière.

Cette pensée me paraissait fort bizarre à moi-même, à cause d'un grand nombre de moyens qui me manquaient pour parvenir à mon but; je n'avais point de tonneaux pour conserver ma bière; et, comme j'ai déjà observé, j'avais autrefois employé le travail de plusieurs mois pour en construire, sans en venir à bout; d'ailleurs j'étais dépourvu de houblon pour la rendre durable, de levure pour la faire fermenter, et de chaudière pour la faire bouillir; nonobstant tous ces inconvéniens, je suis persuadé que sans les appréhensions que m'avaient causées les sauvages, je l'aurais entrepris, et peut-être avec succès, puisque rarement j'abandonnais un dessein, quand je me l'étais une fois mis dans la tête, et que j'avais commencé à y mettre la main.

Mais à présent mon esprit inventif s'était tourné de tout autre côté, et je ne faisais que ruminer nuit et jour sur les moyens de détruire quelques-uns de ces monstres au milieu de leurs divertissemens sanguinaires, et de sauver leurs victimes s'il était possible. Je remplirais un plus grand volume que celui-ci de toutes les pensées qui me roulaient dans l'esprit sur la manière de tuer une troupe de ces sauvages, ou du moins de leur donner une alarme assez chaude pour les détourner de remettre jamais les pieds dans l'île; mais tout n'aboutissait à rien, toute ma ressource était en moi-même; et que pouvait faire un seul homme au milieu d'une trentaine de gens armés de javelots, de dards et de flèches dont les coups étaient aussi sûrs que ceux des armes à feu ?

Quelquefois je songeais à creuser une mine sous l'endroit où ils faisaient leur feu, et à y placer cinq ou six livres de poudre à canon qui, s'allumant dès que le feu y pénétrerait, ferait sauter en l'air tout ce qui se trouverait aux environs. Mais j'étais fâché de perdre tout d'un coup tant de poudre de ma provision, qui ne consistait plus que dans un seul baril; de plus, je ne pouvais avoir aucune certitude du bon effet de ma mine, qui peut-être n'aurait fait que leur griller les oreilles, sans leur donner assez de frayeur pour abandonner l'île pour toujours. Je renonçai donc à cette entreprise, et je me proposai plutôt de me mettre en embuscade dans un lieu convenable, avec mes trois fusils chargés à double charge, et de tirer sur eux au milieu de leur cérémonie sanguinaire, sûr d'en tuer ou d'en blesser du moins deux ou trois à chaque coup, et de venir facilement à bout du reste, quand ils seraient une vingtaine, en tombant sur eux avec mes trois pistolets et mon sabre.

J'employai plusieurs jours à chercher un endroit

propre à mon entreprise, et je descendis même fréquemment vers le lieu de leur festin, avec lequel je commençai à me familiariser, surtout dans le tems que mon esprit était plein d'idées de vengeance et de carnage : je n'étais que plus animé à l'exécution de mon dessein, par les marques de la barbarie de ces cruels anthropophages.

À la fin je trouvai un lieu dans un des côtés de la colline où je pouvais attendre en sûreté l'arrivée de leurs barques, et d'où, pendant qu'ils débarqueraient, je me pouvais glisser dans le plus épais du bois; j'y avais découvert un arbre creux, capable de me cacher entièrement; de là je pouvais épier toutes leurs actions et viser sur eux, quand, en mangeant, ils seraient si serrés, qu'il serait presque impossible de n'en pas mettre trois ou quatre hors de combat du premier coup.

Content de cet endroit, et résolu d'exécuter mon entreprise tout de bon, je préparai deux mousquets et mon fusil de chasse ; je chargeai chacun des premiers de ferraille et de quatre ou cinq balles de pistolet, et l'autre d'une poignée de la plus grosse dragée : je laissai couler aussi quatre balles dans chaque pistolet, et, dans cette posture, fourni de munitions pour une seconde et troisième décharge, je me préparai au combat.

Dans cette résolution je ne manquai pas de me trouver tous les matins en haut de la colline, éloignée de mon château d'un peu plus d'une lieue; mais je fus plus de deux mois en sentinelle de cette manière sans faire la moindre découverte, et sans voir la moindre barque, non-seulement auprès du rivage, mais même dans tout l'océan, autant que ma vue, aidée par mes lunettes, pouvait s'étendre.

Pendant tout ce tems-là mon dessein subsistait

...toute sa vigueur, et je continuai à être dans ...e la disposition nécessaire pour massacrer une ...taine de ces sauvages, pour un crime dans le-... je n'étais intéressé que par la chaleur d'un faux ..., animé par la coutume inhumaine de ces bar-...s. Il ne me venait pas seulement dans l'es-... que la Providence, dans sa direction infini-...t sage, avait souffert que ces pauvres gens ...ssent pas d'autre guide pour leur conduite que ...s propres passions corrompues, et que, par ...tradition malheureuse, ils s'étaient familiarisés ...une coutume affreuse, où rien n'aurait pu ...orter que la corruption humaine abandonnée ...ciel, et soutenue par des instigations infer-...s.

...la fin, la fatigue de tenter si long-tems en ...la même entreprise, me fit raisonner avec jus-...e sur l'action que j'allais commettre. Quelle au-...té, dis-je, quelle vocation ai-je pour m'établir ... et bourreau sur ces gens, que depuis plusieurs ...les le ciel a permis d'être les exécuteurs de sa ...ice les uns envers les autres? Quel droit ai-je ...venger le sang qu'ils répandent tour à tour? ...s-je ce que la Divinité elle-même juge de cette ...tou, qui me paraît si criminelle? Du moins est-il ...tain que ces peuples, en la commettant, ne pé-...nt point contre les lumières de leurs consciences, ...u'ils sont fort éloignés de la considérer comme ...crime : ils n'ont pas le moindre dessein de bra-...la justice divine, comme nous faisons nous ...res dans la plupart de nos péchés : ils ne se font ...une plus grande affaire de tuer un prisonnier et ...le manger, que nous de tuer un bœuf, ou de man-...r un mouton.

Il suivait de là que mon entreprise n'était rien ...oins que légitime, et que ces sauvages ne devaient ...n plus passer pour meurtriers que les chrétiens,

propre à mon entreprise, et je descendis même [fré-]
quemment vers le lieu de leur festin, avec lequ[el je]
commençai à me familiariser, surtout dans le t[emps]
que mon esprit était plein d'idées de vengeance e[t de]
carnage : je n'étais que plus animé à l'exécutio[n de]
mon dessein, par les marques de la barbarie de [ces]
cruels anthropophages.

À la fin je trouvai un lieu dans un des côtés d[e la]
colline où je pouvais attendre en sûreté l'arrivé[e de]
leurs barques, et d'où, pendant qu'ils débarq[ue-]
raient, je me pouvais glisser dans le plus épai[s du]
bois ; j'y avais découvert un arbre creux, capabl[e de]
me cacher entièrement ; de là je pouvais épier to[utes]
leurs actions et viser sur eux, quand, en mange[ant,]
ils seraient si serrés, qu'il serait presque imposs[ible]
de n'en pas mettre trois ou quatre hors de com[bat]
du premier coup.

Content de cet endroit, et résolu d'exéc[uter]
mon entreprise tout de bon, je préparai d[eux]
mousquets et mon fusil de chasse ; je charg[eai]
chacun des premiers de ferraille et de qua[tre]
ou cinq balles de pistolet, et l'autre d'une [poi-]
gnée de la plus grosse dragée : je laissai cou[ler]
aussi quatre balles dans chaque pistolet, et, d[ans]
cette posture, fourni de munitions pour une [se-]
conde et troisième décharge, je me préparai [au]
combat.

Dans cette résolution je ne manquai pas [de]
me trouver tous les matins en haut de la collin[e]
éloignée de mon château d'un peu plus d'une lieu[e ;]
mais je fus plus de deux mois en sentinelle de ce[tte]
manière sans faire la moindre découverte, et sa[ns]
voir la moindre barque, non-seulement aupr[ès]
du rivage, mais même dans tout l'océan, auta[nt]
que ma vue, aidée par mes lunettes, pouvait s'[é-]
tendre.

Pendant tout ce tems-là mon dessein subsist[ait]

dans toute sa vigueur, et je continuai à être dans toute la disposition nécessaire pour massacrer une trentaine de ces sauvages, pour un crime dans lequel je n'étais intéressé que par la chaleur d'un faux zèle, animé par la coutume inhumaine de ces barbares. Il ne me venait pas seulement dans l'esprit que la Providence, dans sa direction infiniment sage, avait souffert que ces pauvres gens n'eussent pas d'autre guide pour leur conduite que leurs propres passions corrompues, et que, par une tradition malheureuse, ils s'étaient familiarisés avec une coutume affreuse, où rien n'aurait pu les porter que la corruption humaine abandonnée du ciel, et soutenue par des instigations infernales.

A la fin, la fatigue de tenter si long-tems en vain la même entreprise, me fit raisonner avec justesse sur l'action que j'allais commettre. Quelle autorité, dis-je, quelle vocation ai-je pour m'établir juge et bourreau sur ces gens, que depuis plusieurs siècles le ciel a permis d'être les exécuteurs de sa justice les uns envers les autres? Quel droit ai-je de venger le sang qu'ils répandent tour à tour? Sais-je ce que la Divinité elle-même juge de cette action, qui me paraît si criminelle? Du moins est-il certain que ces peuples, en la commettant, ne péchent point contre les lumières de leurs consciences, et qu'ils sont fort éloignés de la considérer comme un crime : ils n'ont pas le moindre dessein de braver la justice divine, comme nous faisons nous autres dans la plupart de nos péchés : ils ne se font pas une plus grande affaire de tuer un prisonnier et de le manger, que nous de tuer un bœuf, ou de manger un mouton.

Il suivait de là que mon entreprise n'était rien moins que légitime, et que ces sauvages ne devaient non plus passer pour meurtriers que les chrétiens, qui, dans un combat, font passer sans quartier au fil de l'épée des troupes entières de leurs ennemis, quoiqu'ils aient mis bas les armes.

Enfin, supposé que rien ne soit plus criminel que la brutalité de ces peuples, ce n'était pas mon affaire; ils ne m'avaient jamais offensé personnellement; et ce que j'entreprenais ne pouvait être excusé que par la nécessité de me défendre moi-même contre leurs attaques, desquelles je n'avais rien à craindre, ces gens ne me connaissant pas seulement; bien loin de former des desseins contre ma vie, en former contre la leur, c'était justifier la barbarie par laquelle les Espagnols avaient détruit des millions d'Africains, qui, bien que barbares et idolâtres, coupables des cérémonies les plus horribles, comme celle, par exemple, d'immoler des hommes à leurs idoles, étaient pourtant un peuple fort innocent par rapport à leurs bourreaux.

Aussi est-il très-certain que les Espagnols eux-mêmes conspirèrent avec tous les autres chrétiens à parler de cette destruction comme d'un carnage abominable, qu'il n'est pas possible de justifier ni devant Dieu ni devant les hommes. Le nom même d'*Espagnol* est devenu par-là terrible à tous les peuples, comme si les royaumes d'Espagne produisaient une race particulière d'hommes dépourvus de ces principes de tendresse et de pitié, qui forment le caractère d'une âme généreuse.

Ces considérations calmèrent ma fureur, et peu à peu je renonçai à mes mesures, en concluant qu'elles étaient injustes, et qu'il fallait attendre à les exécuter jusqu'à ce qu'ils eussent commencé les hostilités.

Je repris cette résolution, d'autant plus que le premier parti, loin d'être un moyen de me conserver, tendait absolument à ma ruine; car c'était assez d'un seul sauvage de toute une troupe, échappé à mes mains, pour donner de mes nouvelles à tout un peuple, et pour l'attirer dans l'île à venger la mort de leurs compatriotes ; et je pouvais fort bien me passer d'une pareille visite.

Je conclus donc que la raison et la politique devaient me détourner également de me mêler des actions des sauvages, et que mon unique affaire était de me tenir à l'écart, et de ne pas faire soupçonner, par la moindre marque, qu'il y avait des êtres raisonnables dans l'île.

Cette prudence était soutenue par la religion, qui me défendait de tremper mes mains dans le sang innocent ; innocent, dis-je, par rapport à moi : car pour les crimes que l'habitude avait rendus communs à tous ces peuples, je devais les abandonner à la justice de Dieu, qui est le roi des nations, et qui sait punir les crimes des nations entières par des punitions nationales.

Je trouvais tant d'évidence dans toutes ces différentes réflexions, que j'eus une satisfaction inexprimable de n'avoir pas commis une action que la raison me dépeignait aussi noire qu'un meurtre volontaire, et je rendis grâce à Dieu, à genoux, d'avoir délivré mes mains du sang, en le suppliant de me sauver, par sa Providence, de celles des barbares, et de m'empêcher de rien attenter contre eux, sinon dans la nécessité d'une défense légitime.

Je restai dans cette disposition pendant une année entière, si éloigné de chercher le moyen d'attaquer les sauvages, que je ne daignai pas une seule fois monter sur la colline, pour voir s'ils étaient débarqués ou non, toujours craignant d'être tenté par quelque occasion avantageuse de renouveler mes desseins contre eux. Je ne fis qu'éloigner de là ma barque, et la mener du côté oriental de l'île, où je la plaçai dans une cavité que je trouvai sous des rochers élevés, et que les courans rendaient impraticables aux canots des sauvages.

Je vécus depuis ce tems-là plus retiré que jamais, en ne sortant que pour m'acquitter de mes devoirs ordinaires; savoir, pour traire mes chèvres, et pour nourrir le petit troupeau que j'avais caché dans le bois, qui, étant tout-à-fait de l'autre côté de l'île, était entièrement hors d'insulte; car, selon toutes les apparences, les cannibales n'étaient pas d'humeur à abandonner jamais le rivage, et ils y avaient été souvent, aussi bien avant que j'eusse pris mes précautions qu'après: quand j'y pensais, je réfléchissais avec horreur sur la situation où j'aurais été si je les avais rencontrés autrefois, quand, nu et désarmé, je n'avais pour ma défense qu'un seul fusil chargé de dragée. Je parcourais, dans ce tems-là, toute l'île sans cesse; et quelle aurait été ma frayeur si, au lieu de voir un seul vestige, j'avais trouvé une vingtaine de sauvages, qui n'auraient pas manqué de me donner la chasse, et de m'atteindre bientôt par la vitesse extraordinaire de leur course!

Je frissonnais en songeant qu'il n'y aurait eu aucune ressource pour moi dans cette occasion, et que même je n'aurais pas eu la présence d'esprit nécessaire pour m'aider des moyens qui auraient pu être en mon pouvoir; moyens bien inférieurs à ceux que mes précautions m'avaient fournis à la fin. Ces idées me jetaient souvent dans un profond abattement, qui était suivi de sentimens de reconnaissance pour Dieu, qui m'avait délivré de tant de dangers inconnus, et de tant de malheurs dont j'aurais été incapable de me sauver, n'ayant pas la moindre connaissance de leur possibilité.

Tout ceci renouvela dans mon esprit une réflexion que j'avais souvent faite, quand je commençai à regarder les bénignes dispositions du ciel à l'égard des dangers qui nous environnent dans cette vie. Combien de fois en sommes-nous délivrés comme par miracle, sans le savoir? Combien de fois n'arrive-t-il pas qu'en hésitant si nous irons par un chemin ou par un autre, un motif secret nous détermine vers une autre route que celle où nous portaient notre destin, notre inclination et nos affaires? Nous ignorons quel pouvoir nous dirige de cette manière; mais nous découvrons ensuite que, si nous avions pris le chemin où notre intérêt apparent semblait nous appeler, nous aurions pris le chemin de notre ruine.

Après plusieurs expériences de cette vérité, je me suis fait une règle de suivre constamment les ordres de ce pouvoir inconnu, sans en avoir d'autre raison que l'impression même que je sens alors dans mon âme. Je pourrais donner plusieurs exemples du succès de cette conduite dans tout le cours de ma vie, tirés surtout des dernières années de mon séjour dans cette île: j'y aurais plus réfléchi si je les avais contemplés de l'œil dont je les regarde à présent; mais il n'est jamais trop tard pour devenir sage, et je ne puis qu'avertir tout homme capable de prudence, dont la vie est sujette à des accidens extraordinaires, de ne pas négliger de pareils avertissemens secrets de la Providence. Pour moi, je les regarde comme une preuve certaine du commerce et de la communication secrète des esprits purs avec ceux qui sont unis à des corps; preuve incontestable que j'aurai occasion de confirmer par plusieurs exemples, dans le récit du reste de mes aventures dans cette solitude.

Le lecteur ne trouvera pas étrange si je confesse que les inquiétudes et les dangers dans lesquels je passais ma vie, m'avaient détourné entièrement du

Tome II.

soin de mes commodités, et que je songeais plus à vivre qu'à vivre agréablement; je ne me souciais plus de mettre quelque part un clou, ou d'affermir un morceau de bois, crainte de faire du bruit; beaucoup moins avais-je le cœur de tirer un coup de fusil, et c'était avec toute l'inquiétude possible que je me hasardai à allumer du feu, dont la fumée, visible à une très-grande distance, aurait pu me trahir. Pour cette raison, je transportai mes affaires qui demandaient du feu, du côté de mon appartement, dans le bois, où je trouvai enfin, après plusieurs allées et venues, avec tout le ravissement imaginable, une cave naturelle, d'une grande étendue, dont je suis sûr que jamais sauvage n'avait vu l'ouverture. bien loin d'être assez hardi pour y entrer, ce que peu d'hommes eussent osé hasarder, à moins que d'avoir, comme moi, un besoin extrême d'une retraite assurée.

L'entrée de cet antre était derrière un grand rocher, et je la découvris par hasard, ou, pour parler plus sagement, par un effet particulier de la Providence, en coupant quelques grosses branches d'arbre, pour les brûler et pour en conserver le charbon, moyen dont je m'étais avisé pour éviter de faire de la fumée en cuisant mon pain et en préparant mes autres mets.

Dès que j'eus trouvé cette ouverture derrière quelques broussailles épaisses, ma curiosité me porta à y entrer; ce que je fis avec peine. J'en trouvai le dedans suffisamment large pour m'y tenir debout; mais j'avoue que j'en sortis avec plus de précipitation que je n'y étais entré, après que, portant mes regards plus loin, dans cet antre obscur, j'y eus aperçu deux grands yeux brillans comme deux étoiles, sans savoir si c'était les yeux d'un homme ou d'un démon.

Après quelques momens de délibération je revins

.... et me saisissant d'un tison enflammé je rentrai dans l'antre, d'une manière brusque.

à moi, et je me reprochai ma faiblesse de craindre le diable, moi qui avais vécu depuis vingt ans dans ce désert, et qui avais l'air plus effroyable peut-être, que tout ce qu'il pouvait y avoir de plus affreux dans la caverne. Là-dessus je repris courage, et me saisissant d'un tison enflammé, je rentrai dans l'antre d'une manière brusque; mais à peine eus-je fait trois pas en avant, que ma frayeur redoubla par un grand soupir que j'entendis, suivi de sons semblables à des paroles mal articulées, et d'un autre soupir encore plus terrible: une sueur froide sortit de mon corps, et si j'avais eu un chapeau sur la tête, je crois que mes cheveux, à force de se dresser, l'auraient fait tomber à terre. Je fis cependant tous mes efforts pour dissiper ma crainte, par la pensée que la puissance divine, qui était présente ici comme ailleurs, était capable de me protéger contre les plus grands périls: et avançant avec intrépidité, je découvris une vieille chèvre, d'une extraordinaire grandeur, couchée à terre, et prête à mourir de vieillesse.

Je la poussai un peu pour essayer si je pourrais la faire sortir de là, et elle fit quelques efforts pour se lever, sans y pouvoir réussir. Je m'en mettais peu en peine, persuadé que, tant qu'elle serait en vie, elle ferait la même peur à quelque sauvage, s'il était assez hardi pour se fourrer dans cet antre.

Pleinement tranquillisé, je portai alors mes yeux de tous côtés, et je trouvai la caverne assez étroite et sans figure régulière, puisque la nature seule y avait travaillé sans aucun secours de l'industrie humaine. Je découvris dans l'enfoncement une seconde ouverture, mais si basse, qu'il était impossible d'y entrer qu'à quatre pieds; ce que je différai jusqu'à ce que je pusse tenter l'aventure, muni de chandelle et d'un fusil à faire du feu. J'y revins le jour suivant avec une provision de six grosses chandelles que j'avais faites de graisse de chèvre; et après avoir rampé par cette ouverture étroite l'espace de dix aunes, je me vis beaucoup plus au large. Je me trouvai sous une voûte élevée à peu près de la hauteur de vingt pieds, et je puis protester que, dans toute l'île, il n'y avait rien de si beau et de si digne d'être considéré que ce souterrain; la lumière de deux chandelles que j'avais allumées, était réfléchie de plus de cent mille manières par les murailles qui étaient à l'entour. Je ne saurais dire ce qui était la cause d'un objet si brillant, si c'était des diamans, d'autres pierres précieuses, ou bien de l'or; le dernier me paraît le plus vraisemblable.

En un mot, c'était la plus charmante grotte qu'on puisse imaginer, quoique parfaitement obscure; le fond en était uni et sec, couvert d'un gravier fin et délié; on n'y voyait aucune trace de quelque animal venimeux; aucune vapeur, aucune humidité ne paraissait sur les murailles.

Le seul désagrément qu'il y avait, c'était la difficulté de l'entrée; mais ce désagrément même en faisait la sûreté. J'étais charmé de ma découverte, et je résolus d'abord de porter dans cette grotte tout ce dont la conservation m'inquiétait le plus, surtout mes munitions et mes armes de réserve.

Ce dessein me donna occasion d'ouvrir mon baril de poudre que j'avais sauvé de la mer. Je trouvai que l'eau y avait pénétré de tous côtés, à peu près à la profondeur de trois ou quatre pouces, et que la poudre mouillée avait formé une espèce de croûte qui avait conservé le reste, comme une noix est conservée dans sa coque; de cette manière, il me restait, au centre du baril, environ soixante livres de fort bonne poudre à canon, que je portai toute dans ma grotte, avec tout le plomb que j'avais encore; et je n'en gardai dans mon château que ce qui m'était nécessaire pour me défendre en cas de surprise.

Dans cette situation, je me comparais aux géans de l'antiquité qui habitaient des antres inaccessibles, persuadé que lorsque les sauvages me donneraient la chasse, en quelque nombre qu'ils fussent, ils ne m'attraperaient pas, ou du moins n'oseraient pas m'attaquer dans ma nouvelle grotte.

La vieille chèvre mourut le jour après ma découverte, à l'entrée de ma caverne, où je trouvai plus à propos de l'enterrer, que de m'efforcer à en tirer le cadavre dehors.

J'étais alors dans la vingt-troisième année de ma résidence dans cette île, et si accoutumé à ma manière d'y vivre que, sans la crainte des sauvages, j'aurais été content d'y passer le reste de mes jours, et de mourir dans la grotte où j'avais donné la sépulture à la chèvre. Je m'étais ménagé de quoi m'amuser et me divertir; ce qui m'avait manqué autrefois. J'avais enseigné à parler à mon perroquet, comme j'ai dit auparavant, et il s'en acquittait si bien, que sa conversation a été un grand agrément pour moi pendant vingt-six ans que nous avons vécu ensemble. On croit, dans le Brésil, que ces animaux vivent un siècle entier: il vit donc peut-être encore, et il appelle, selon sa coutume, le *pauvre Robinson Crusoé*. Certainement, si quelque Anglais avait le malheur d'aborder cette île, et l'entendait causer, il le prendrait pour le diable. Mon chien me fut encore un agréable et fidèle compagnon pendant seize ans, après lesquels il mourut de pure vieillesse. Pour mes chats, ils s'étaient tellement multipliés, comme j'ai déjà dit, que, de peur qu'ils ne me dévorassent avec tout ce que

5.

je possédais, j'avais été obligé d'en tuer plusieurs à coups de fusil; mais j'eus du repos de ce côté-là, dès que j'eus forcé les vieux à déserter, faute d'alimens, et à se jeter dans les bois avec toute leur race. Je n'en avais gardé auprès de moi que deux ou trois favoris, dont j'avais grand soin de noyer les petits dès qu'ils venaient au monde. Le reste de mon domestique consistait en deux chevreaux que j'avais accoutumés à manger de ma main, et deux autres perroquets qui jasaient assez bien pour prononcer *Robinson Crusoé*, mais qui étaient bien éloignés de la perfection de l'autre, pour lequel j'avais pris aussi beaucoup de peine. J'avais encore quelques oiseaux de mer, dont j'ignorais les noms: je les avais attrapés sur le rivage, et leur avais coupé les ailes. Ils habitaient et pondaient dans le jeune bois que j'avais planté devant le retranchement de mon château, et ils contribuaient beaucoup à mon divertissement. J'étais content, encore un coup, pourvu que les sauvages ne vinssent pas troubler ma tranquillité.

Mais le ciel en avait ordonné autrement, et je conseille à tous ceux qui liront mon histoire d'en tirer la réflexion suivante. Combien souvent n'arrive-t-il pas, dans le cours de notre vie, que le mal que nous évitons avec le plus grand soin, et qui nous parait le plus terrible quand nous y sommes tombés, soit, pour ainsi dire, la porte de notre délivrance, et l'unique moyen de finir nos malheurs? Cette vérité a été surtout remarquable dans les dernières années de ma vie solitaire dans cette île, comme le lecteur le verra bientôt.

C'était dans le mois de décembre, le tems ordinaire de ma moisson, qui m'obligeait à être presque les jours entiers en campagne, quand, sortant du matin, un peu avant le lever du soleil, je fus surpris par la vue d'une lumière sur le rivage, à une grande demi-lieue de moi : ce n'était pas du côté où j'avais observé que les sauvages abordaient d'ordinaire ; je vis avec la dernière douleur que c'était du côté de mon habitation.

La peur d'être surpris me fit entrer bien vite dans ma grotte, où j'avais beaucoup de peine à me croire en sûreté, à cause que mon grain à moitié coupé pouvait découvrir aux sauvages que l'île était habitée, et les porter à me chercher partout jusqu'à ce qu'ils m'eussent découvert.

Dans cette appréhension, je retournai vers mon château, et ayant retiré mon échelle après moi, je me préparais à la défense : je chargeai tous mes pistolets, aussi bien que l'artillerie que j'avais placée dans mon nouveau retranchement, résolu de me battre jusqu'à mon dernier soupir, sans oublier d'implorer la protection divine, et, dans cette posture, j'attendis l'ennemi pendant deux heures, fort impatient de savoir ce qui se passait au dehors.

Mais n'ayant personne pour aller reconnaître, incapable de soutenir plus long-tems une si cruelle incertitude, je m'enhardis à monter sur le haut du rocher par le moyen de mes deux échelles, et me mettre ventre à terre ; je me servis de ma lunette d'approche pour découvrir de quoi il s'agissait. Je vis d'abord neuf sauvages assis en rond autour d'un petit feu, non pour se chauffer ; car il faisait une chaleur extrême, mais apparemment pour préparer quelques mets de chair humaine qu'ils avaient apportés avec eux.

Ils avaient avec eux deux canots qu'ils avaient tirés sur le rivage ; et comme c'était alors le tems du flux, ils paraissaient attendre le reflux pour s'en retourner ; ce qui calma mon trouble, puisque je concluais de là qu'ils venaient et retournaient toujours de la même manière, et que je pouvais battre la campagne sans danger durant le flux, pourvu que je n'en eusse pas découvert auparavant sur le rivage. Observation qui me fit continuer ma moisson dans la suite avec assez de tranquillité.

La chose arriva précisément comme je l'avais conjecturé; dès que la marée commença à aller du côté de l'occident, je les vis se jeter dans leurs barques et faire force de rames; ce n'était pas sans s'être divertis auparavant par des danses, comme je remarquai par leurs postures et par leurs gesticulations. Quelque forte que fût mon attention à les examiner, ils m'avaient paru absolument nus; mais il me fut impossible de distinguer leur sexe.

Aussitôt que je les vis embarqués, je sortis avec deux fusils sur mes épaules, deux pistolets à ma ceinture et mon large sabre à mon côté, et avec tout l'empressement possible, je gagnai la colline d'où j'avais vu les marques des festins horribles de ces cannibales, et là je m'aperçus qu'il y avait de ce côté trois autres canots qui étaient tous en mer, aussi bien que les autres, pour regagner le continent.

Descendu sur le rivage, je vis de nouveau les marques horribles de leur brutalité; et j'en conçus tant d'indignation, que je résolus, pour la seconde fois, de tomber sur la première troupe que je rencontrerais, quelque nombreuse qu'elle pût être.

Les visites qu'ils faisaient dans l'île devaient être fort rares, puisqu'il se passa plus de quinze mois avant que j'en revisse le moindre vestige; je vivais pourtant pendant tout ce tems dans les plus cruelles appréhensions, dont je ne voyais aucun moyen de me délivrer.

Je continuais cependant toujours dans mon humeur meurtrière, et j'employais presque toutes les heures du jour, dont j'aurais pu faire un meilleur usage, à dresser le plan de mon attaque, la première fois que j'en aurais l'occasion, surtout si je trouvais leurs forces divisées comme la dernière fois. Je ne considérais pas seulement qu'en tuant tantôt un peu de leur parti, tantôt quelques autres, ce serait toujours à recommencer, et qu'à la fin je deviendrais un plus grand meurtrier que ceux-là même dont je voulais punir la barbarie.

Mes inquiétudes, renouvelées par cette dernière rencontre, répandaient beaucoup d'amertume sur ma vie ; quand je me hasardais à sortir de ma retraite, c'était avec toute la précaution possible, et en tournant continuellement les yeux sur tous les objets dont j'étais environné. Quel bonheur pour moi d'avoir mis mon troupeau en sûreté, et d'être dispensé de faire feu sur les chèvres sauvages ! Il est vrai que le bruit aurait pu mettre en fuite un petit nombre de sauvages effrayés ; mais je devais être convaincu qu'ils reviendraient avec plusieurs centaines de canots, et je savais ce que j'avais alors à attendre de leur inhumanité. Cependant je fus assez heureux pour n'en voir plus jusqu'au mois de mai de la vingt-quatrième année de ma vie solitaire, dans lequel j'eus avec eux une rencontre très-surprenante, que je rapporterai dans son lieu.

Durant ces quinze mois je passai les jours dans des pensées inquiètes, et les nuits j'avais des songes effrayans qui me réveillaient en sursaut ; je rêvais que je tuais des sauvages, et que je pesais les raisons qui m'autorisaient à ce carnage.

C'était à peu près le milieu du mois de mai (selon le *poteau* où je marquais chaque jour, qui me servait de calendrier), lorsqu'il fit une tempête terrible, accompagnée de tonnerre et d'éclairs. La nuit suivante ne fut pas moins épouvantable, et dans le tems que j'étais occupé à lire dans la Bible, et à faire de sérieuses réflexions sur ma lecture, je fus surpris d'un bruit semblable à celui d'un coup de canon tiré en mer.

Cette surprise était bien différente de toutes celles qui m'avaient saisi jusqu'alors ; je me levai avec tout l'empressement possible, et en moins de rien je parvins au haut du rocher par le moyen de mes échelles. Dans le même moment une lumière me prépara à entendre un second coup de canon qui frappa mes oreilles une demi-minute après, et dont le son devait venir de ce côté de la mer, où j'avais été emporté dans ma chaloupe par les courans.

Je jugeai d'abord que ce devait être quelque vaisseau en péril, qui, par ces signaux, demandait du secours à quelque autre bâtiment qui allait avec lui de conserve (1). Je songeai là-dessus que, si j'étais incapable de lui donner du secours, il m'en pouvait donner peut-être à moi, et dans cette vue je ramassai tout le bois sec qui était aux environs ; j'y mis le feu au haut de la colline ; et quoique le vent fût violent, il ne laissa pas de s'enflammer à merveille, et j'étais sûr qu'il devait être aperçu par ceux du vaisseau, si mes conjectures là-dessus étaient justes. Ils le virent sans doute ; car à peine mon feu était-il dans toute sa force, que j'entendis un troisième coup de canon suivi de plusieurs autres, venant tous du même endroit. J'entretins mon feu toute la nuit ; et quand il fit jour et que l'air se fut éclairci, je

---

(1) *Vaisseau qui fait route avec un autre, pour le secourir et être secouru.*

…s quelque chose à une grande distance à l'est de [l'î]le, sans pouvoir le distinguer même avec mes [lu]nettes.

J'y fixai mes yeux constamment pendant tout le [jo]ur, et comme je voyais l'objet dans le même lieu, [je] crus que c'était un vaisseau à l'ancre. Ayant [g]rande envie de satisfaire pleinement ma curiosité [là]-dessus, je pris mon fusil à la main et je m'avan[ç]ai en courant du côté de la partie méridionale de [l']île, où les courans m'avaient porté autrefois au [p]ied de quelques rochers: je montai sur le plus [h]aut de tous, et le tems étant alors serein, je vis, [à] mon grand regret, le corps du vaisseau, qui s'é[ta]it brisé dans la nuit sur des rocs cachés que j'a[v]ais trouvés quand je mis en mer avec ma chaloupe, [et] qui, résistant à la violence de la marée, faisaient [u]ne espèce de contre-marée, par laquelle j'avais été [d]élivré du plus grand danger que je courus de ma [v]ie.

C'est ainsi que ce qui cause la délivrance de l'un [e]st la destruction de l'autre; car il semble que [c]es gens n'ayant aucune connaissance de ces ro[c]hers entièrement cachés sous l'eau, y avaient été [p]ortés pendant la nuit par un vent qui était tantôt [e]st et tantôt est-nord-est. S'ils avaient découvert [l']île, ce que apparemment ils ne firent point, ils [au]raient sans doute tâché de se sauver à terre dans [le]ur chaloupe; mais les coups de canon qu'ils [a]vaient donnés en voyant mon feu, firent naître [u]n grand nombre de différentes pensées dans mon [i]magination: tantôt je croyais qu'apercevant cette [lu]mière, ils s'étaient mis dans leur chaloupe pour [g]agner le rivage, mais que les ondes, extrêmement [a]gitées, les avaient emportés. Tantôt je m'imagi[n]ais qu'ils avaient commencé par perdre leur cha[l]oupe; ce qui arrive souvent quand les flots, en

ne fut pas moins épouvantable, et dans le tems q
j'étais occupé à lire dans la Bible, et à faire de s
rieuses réflexions sur ma lecture, je fus surpris d'[un]
bruit semblable à celui d'un coup de canon tiré [en]
mer.

Cette surprise était bien différente de toutes cell[es]
qui m'avaient saisi jusqu'alors; je me levai av[ec]
tout l'empressement possible, et en moins [de]
rien je parvins au haut du rocher par le moyen [de]
mes échelles. Dans le même moment une lumiè[re]
me prépara à entendre un second coup de can[on]
qui frappa mes oreilles une demi-minute après, [et]
dont le son devait venir de ce côté de la mer, [où]
j'avais été emporté dans ma chaloupe par les co[u]rans.

Je jugeai d'abord que ce devait être quelque vai[s]seau en péril, qui, par ces signaux, demand[ait]
du secours à quelque autre bâtiment qui all[ait]
avec lui de conserve (1). Je songeai là-dess[us]
que, si j'étais incapable de lui donner du secou[rs,]
il m'en pouvait donner peut-être à moi, et da[ns]
cette vue je ramassai tout le bois sec qui ét[ait]
aux environs; j'y mis le feu au haut de la co[l]line; et quoique le vent fût violent, il ne lais[sa]
pas de s'enflammer à merveille, et j'étais sûr qu[e]
devait être aperçu par ceux du vaisseau, si m[es]
conjectures là-dessus étaient justes. Ils le vire[nt]
sans doute; car à peine mon feu était-il dans tou[te]
sa force, que j'entendis un troisième coup [de]
canon suivi de plusieurs autres, venant tous [du]
même endroit. J'entretins mon feu toute la nu[it]
et quand il fit jour et que l'air se fut éclairci,

---

(1) *Vaisseau qui fait route avec un autre, pour*
secourir et être secouru.

vis quelque chose à une grande distance à l'est de l'île, sans pouvoir le distinguer même avec mes lunettes.

J'y fixai mes yeux constamment pendant tout le jour, et comme je voyais l'objet dans le même lieu, je crus que c'était un vaisseau à l'ancre. Ayant grande envie de satisfaire pleinement ma curiosité là-dessus, je pris mon fusil à la main et je m'avançai en courant du côté de la partie méridionale de l'île, où les courans m'avaient porté autrefois au pied de quelques rochers : je montai sur le plus haut de tous, et le tems étant alors serein, je vis, à mon grand regret, le corps du vaisseau, qui s'était brisé dans la nuit sur des rocs cachés que j'avais trouvés quand je mis en mer avec ma chaloupe, et qui, résistant à la violence de la marée, faisaient une espèce de contre-marée, par laquelle j'avais été délivré du plus grand danger que je courus de ma vie.

C'est ainsi que ce qui cause la délivrance de l'un est la destruction de l'autre ; car il semble que ces gens n'ayant aucune connaissance de ces rochers entièrement cachés sous l'eau, y avaient été portés pendant la nuit par un vent qui était tantôt est et tantôt est-nord-est. S'ils avaient découvert l'île, ce que apparemment ils ne firent point, ils auraient sans doute tâché de se sauver à terre dans leur chaloupe ; mais les coups de canon qu'ils avaient donnés en voyant mon feu, firent naître un grand nombre de différentes pensées dans mon imagination : tantôt je croyais qu'apercevant cette lumière, ils s'étaient mis dans leur chaloupe pour gagner le rivage, mais que les ondes, extrêmement agitées, les avaient emportés. Tantôt je m'imaginais qu'ils avaient commencé par perdre leur chaloupe ; ce qui arrive souvent quand les flots, en ivant dans le vaisseau, forcent les matelots à mettre la chaloupe en pièces, ou à la jeter dans la mer. D'autres fois je trouvais vraisemblable que les vaisseaux qui allaient avec celui-ci de conserve, avertis par ces signaux, en avaient sauvé l'équipage. Dans d'autres momens, je pensais qu'ils étaient entrés dans la chaloupe tous ensemble, et que les courans les avaient emportés dans le vaste Océan, où il n'y avait aucun bonheur à attendre pour eux, où ils mourraient peut-être de faim, à moins que de se manger les uns les autres.

Tout cela n'était que conjectures, et dans l'état où j'étais, tout ce que je pouvais faire, c'était de jeter un œil pitoyable sur la misère de ces pauvres gens, dont je tirai, par rapport à moi, cet avantage, que j'en devins de plus en plus reconnaissant envers Dieu, qui m'avait donné tant de consolations dans ma situation déplorable, et qui, des deux équipages qui étaient péris sur ces côtes, avait trouvé bon de sauver ma vie seule. J'appris par-là à remarquer de nouveau qu'il n'y a pas d'état si bas, point de misère si grande, où l'on ne trouve quelque sujet de reconnaissance en voyant au-dessous de soi des situations encore plus déplorables.

Telle était la condition de ce malheureux équipage, dont la conservation me semblait hors de toute vraisemblance, à moins qu'il ne fût sauvé par quelque autre bâtiment. Mais ce n'était là tout au plus qu'une possibilité destituée, par rapport à moi, de toute certitude.

Je ne trouve point de paroles assez énergiques pour exprimer le désir que j'avais d'en voir au moins un seul homme sauvé, afin de trouver un compagnon unique, du commerce duquel je pusse jouir dans ma solitude : je n'avais jamais tant langui près de la société des hommes, ni senti si vivement le malheur d'en être privé.

Il y a dans nos passions certaines sources secrètes qui, vivifiées pour ainsi dire par des objets absens réellement, seulement présens à l'imagination, se répandent vers cet objet avec tant de force, que l'absence en devient la chose du monde la plus insupportable.

De cette nature-là étaient mes souhaits pour la conservation d'un seul de ces hommes. Je répétai mille fois de suite : *Plût à Dieu qu'un seul fût échappé !* Et prononçant ces mots, mes passions étaient si vives, que mes mains se joignaient avec une force terrible ; mes dents se serraient tellement dans ma bouche, que je fus un tems considérable avant que de les pouvoir séparer.

Que les naturalistes expliquent de pareils phénomènes ; pour moi je me contente d'exposer le fait dont j'ai été surpris moi-même, et qui était sans doute causé par les fortes idées qui représentaient à mon imagination comme réelle et présente, la consolation que j'aurais tirée du commerce de quelque chrétien.

Mais ce n'était pas là le sort de ces malheureux, ni le mien ; car jusqu'à la dernière année de mon séjour dans cette île, j'ai ignoré si quelqu'un s'était sauvé de ce naufrage. Quelques jours après, j'eus seulement la douleur de voir sur le sable le cadavre d'un mousse noyé : il avait pour son habillement une veste de matelot, une mauvaise paire de culottes et une chemise de toile blanche, de manière qu'il m'était impossible de deviner de quelle nation il pouvait être ; tout ce qu'il avait dans ses poches consistait en deux pièces de huit et une pipe à tabac, qui était pour moi d'une valeur infiniment plus considérable que l'argent.

Tome II. 6

La mer était cependant devenue calme, et j'avais grande envie de visiter le vaisseau, moins pour y trouver quelque chose d'utile pour moi, que pour voir s'il n'y avait pas quelque créature vivante dont je pusse sauver la vie, et rendre par-là la mienne infiniment plus agréable.

Cette pensée faisait de si fortes impressions, sur moi, que je n'eus repos ni jour ni nuit avant que d'exécuter mon dessein ; je ne doutais pas qu'elle ne me vînt du ciel, et que ce ne fût m'opposer à mon propre bonheur de ne pas y obéir.

Dans cette persuasion, je préparai tout pour mon voyage : je pris une bonne quantité de pain, un pot rempli d'eau fraîche, une bouteille de ma liqueur forte, dont j'étais encore suffisamment pourvu, et un panier plein de raisins secs. Chargé de ces provisions, je descendis vers ma chaloupe, je la nettoyai, je la mis à flot, et j'y portai toute cette *cargaison*; ensuite je retournai pour chercher le reste de ce qui m'était nécessaire ; savoir, du riz, un parasol, deux douzaines de mes gâteaux, un fromage et un pot de lait de chèvre. Mon petit bâtiment étant ainsi chargé, je priai Dieu de bénir mon voyage, et, rasant le rivage, je vins à la dernière pointe de l'île du côté du nord-est, d'où il fallait entrer dans l'Océan, si j'étais assez hardi pour poursuivre mon entreprise. Je regardais avec beaucoup de frayeur les courans qui avaient autrefois failli à me perdre, et ce souvenir ne pouvait que me décourager ; car si j'avais le malheur d'y donner, ils m'eussent emporté certainement bien avant dans la mer hors de la vue de mon île : et si un vent un peu gaillard s'était levé, c'était fait de moi.

J'en étais si effrayé, que je commençai à abandonner ma résolution ; et ayant tiré ma chaloupe dans une petite sinuosité du rivage, je me mis sur un petit tertre, flottant entre la crainte et le désir d'achever mon voyage ; j'y restai aussi long-tems que je vis que la marée changeait et que le flux commençait à venir, ce qui rendit mon dessein impraticable pendant quelques heures. Là-dessus je me mis dans l'esprit de monter sur la dune la plus élevée, pour observer quelle route prenaient les courans pendant le flux ; pour juger si, emporté par un des courans et mettant en mer, il n'y en avait pas un autre qui pût me ramener avec la même rapidité. Je trouvai bientôt une hauteur, d'où l'on pouvait observer la mer de côté et d'autre, et de là je vis clairement que, comme le courant du flux sortait du côté de la pointe méridionale de l'île, ainsi le courant du flux rentrait du côté du nord, et qu'il était fort propre à me reconduire chez moi.

Enhardi par cette observation, je résolus de sortir le lendemain avec le commencement de la marée, et je le fis après m'être reposé la nuit dans ma barque. Je dirigeai d'abord mon cours vers le nord, jusqu'à ce que je commençai à sentir la faveur du courant qui m'emporta bien avant du côté de l'est, sans me maîtriser assez pour m'ôter toute la direction de mon bâtiment qui avait un bon gouvernail, que j'aidais encore par ma rame : de cette manière j'allais droit vers le vaisseau, et j'y arrivai en moins de deux heures.

C'était un fort triste spectacle ; le vaisseau, qui paraissait espagnol par sa structure, était comme cloué entre deux rocs : la poupe et une partie du corps de ce vaisseau étaient fracassées par la mer ; et comme la proue avait donné contre les rochers avec une grande violence, le grand mât d'artimon s'était brisés par la base ; mais le beaupré était resté en bon état, et paraissait ferme vers la pointe de l'éperon.

Lorsque je fus tout près, un chien parut sur le tillac, qui, me voyant venir, se mit à crier et à aboyer.

Dès que je l'appelai, il sauta dans la mer, et je l'aidai à entrer dans ma barque : le trouvant à moitié mort de faim et de soif, je lui donnai un morceau de mon pain qu'il engloutit comme un loup qui aurait langui pendant quinze jours dans la neige ; je lui fis boire ensuite de mon eau fraîche, et si je l'avais laissé faire il serait crevé.

Le premier spectacle qui s'offrit à mes yeux dans le vaisseau, était deux hommes noyés dans la chambre de proue, qui se tenaient embrassés l'un l'autre : il est probable que lorsque le bâtiment toucha, la mer y était entrée si abondamment et avec tant de violence, que ces pauvres gens en avaient été étouffés, de même que s'ils avaient été continuellement sous l'eau.

Excepté le chien, il n'y avait rien de vivant dans tout le bâtiment, et presque toute la charge me parut abîmée par l'eau : je vis pourtant quelques tonneaux remplis de vin ou d'eau-de-vie ; mais ils étaient trop gros pour en tirer le moindre usage. Il y avait encore plusieurs coffres ; j'en mis deux dans ma chaloupe, sans examiner ce qui y était contenu. Je jugeai ensuite par ce que j'y trouvai, que le vaisseau devait être richement chargé ; et si je puis tirer quelques conjectures par le cours qu'il prenait, il y a de l'apparence qu'il était destiné pour *Buenos-Ayres* (1), ou bien pour *Rio de la Plata*, dans le sud de l'Amérique, au-delà du Brésil ; de là pour la Havane, et ensuite pour l'Espagne.

Outre ces deux coffres, j'y trouvai un petit tonneau rempli environ de vingt pots, et je le mis dans ma chaloupe avec bien de la peine. J'aperçus dans une des chambres plusieurs fusils et un grand

---

(1) *Belle ville de l'Amérique méridionale espagnole.*

cornet à poudre, où il y en avait à peu près quatre livres : je m'en saisis ; mais je laissai là les armes, puisque j'en avais suffisamment : je m'appropriai encore une pelle à feu et des pincettes dont j'avais un extrême besoin, comme aussi deux chaudrons de cuivre, un gril et une chocolatière. Je m'en fus avec cette charge et avec le chien, voyant venir la marée qui devait me ramener chez moi, et le même soir je revins à l'île extrêmement fatigué de ma course.

Après avoir reposé cette nuit dans la chaloupe, je résolus de porter mes nouvelles acquisitions dans ma grotte, non dans mon château ; mais je trouvai bon d'en faire auparavant l'examen. Le petit tonneau était rempli d'une espèce de *rum*, qui n'était point de la bonté de celui qu'on trouve dans le Brésil. Pour les deux coffres, ils étaient pleins de plusieurs choses d'un grand usage pour moi ; j'y trouvai, par exemple, un petit cabaret plein de liqueurs cordiales très-excellentes, et en grande quantité ; elles étaient dans des bouteilles garnies d'argent, et qui contenaient chacune trois pintes. J'y vis encore deux pots de confitures, si bien fermés, que l'eau n'avait pu y pénétrer, et deux autres qui étaient gâtés par la mer ; il y avait de plus de fort bonnes chemises, quelques cravates de différentes couleurs, une demi-douzaine de mouchoirs de toile blanche fort commodes pour essuyer mon visage dans les grandes chaleurs : toute cette trouvaille me fut extraordinairement agréable.

Quand je vins au fond du coffre, j'y trouvai trois grands sacs de pièces de huit, au nombre à peu près de onze cents, outre un petit papier qui renfermait six doubles pistoles et quelques autres petits joyaux d'or, qui pouvaient peser ensemble environ une livre.

Dans l'autre coffre, il y avait quelques habits, mais

de peu de valeur, et trois flacons pleins d'une poudre à canon fort fine, destinée apparemment pour en charger les fusils de chasse dans l'occasion. A tout compter, je tirai peu de fruit de mon voyage ; l'argent m'était de peu de valeur, et j'aurais donné tout ce que j'en avais trouvé pour trois ou quatre paires de bas et de souliers : j'en avais bon besoin, et il y avait un grand nombre d'années que j'avais été obligé de m'en passer.

Il est vrai que je m'étais approprié deux paires de souliers des pauvres matelots que j'avais trouvés noyés dans le vaisseau ; mais ils ne valaient pas nos souliers anglais, ni pour la commodité, ni pour le service. Pour finir, je trouvai encore dans le second coffre une cinquantaine de pièces de huit, mais point d'or ; d'où je pouvais facilement inférer qu'il avait appartenu à un plus pauvre maître que le premier, qui doit avoir été quelque officier.

Je ne laissai pas de porter tout cet argent dans ma grotte auprès de celui que j'avais sauvé de notre pauvre vaisseau. C'était dommage que je n'eusse pas trouvé accessible le fond du bâtiment, j'en aurais pu tirer de quoi charger plus d'une fois ma chaloupe, et j'aurais amassé un trésor considérable, qui aurait été dans ma grotte en grande sûreté, et que j'aurais pu faire aisément venir dans ma patrie, si la bonté du ciel permettait un jour de me tirer de l'île.

Après avoir mis de cette manière toutes mes acquisitions en lieu sûr, je remis ma barque dans sa rade ordinaire, et je m'en revins à ma demeure, où je trouvai tout dans l'état où je l'avais laissé ; je me remis à vivre à ma manière accoutumée, et à m'appliquer à mes affaires domestiques. Pendant un tems, je jouis d'un assez grand repos, excepté que j'étais toujours fort sur mes gardes et que je sortais fort rarement, toujours avec beaucoup d'inquiétude, à moins que de tourner mes pas du côté de l'ouest, où j'étais sûr que les sauvages ne venaient jamais ; ce qui m'exemptait de me charger dans cette promenade de ce fardeau d'armes qui m'accablait toujours dans les autres routes.

Ce fut ainsi que je vécus deux ans de suite passablement heureux, si mon esprit, qui paraissait être fait pour rendre mon corps misérable, ne s'était rempli de mille projets de me sauver de mon île. Quelquefois je voulais faire un second tour au vaisseau échoué, où je ne devais plus m'attendre à rien trouver qui valût la peine du voyage : tantôt je songeais à m'échapper d'un côté, tantôt d'un autre ; et je crois fermement que, si j'avais eu en ma possession la chaloupe avec laquelle j'avais quitté *Salé*, je me serais mis en mer à tout hasard.

J'ai été dans toutes les circonstances de ma vie un exemple de la misère qui se répand sur les hommes, du mépris qu'ils ont pour leur état présent où Dieu et la nature les ont placés ; car sans parler de ma condition primitive et des excellens conseils de mon père, que j'avais négligés avec tant d'opiniâtreté, n'était-ce pas une folie de la même nature qui m'avait jeté dans ce triste désert ? Si la Providence, qui m'avait si heureusement établi dans le Brésil, m'eût donné des désirs limités ; si je m'étais contenté d'aller à la fortune pas à pas, ma plantation serait devenue sans doute une des plus considérables de tout le pays, et aurait pu monter dans quelques années jusqu'à la valeur de cent mille *moidores*.

J'avais bien affaire, en vérité, de laisser là un établissement sûr pour aller dans la Guinée chercher moi-même les nègres qui m'auraient pu être amenés chez moi par des gens qui en font leur négoce ! Il est vrai qu'il m'en aurait coûté un peu davantage ;

mais cette différence valait-elle la peine de m'exposer à de pareils hasards ?

La folie est le sort de la jeunesse, et celui d'un âge plus mûr est la réflexion sur les folies passées, achetée bien cher par une longue et triste expérience; j'étais alors dans ce cas, et cependant l'extravagance particulière dont je viens de parler avait jeté de si profondes racines dans mon cœur, que toutes mes pensées roulaient sur les désagrémens de ma situation présente et sur les moyens de m'en délivrer.

Pour que le reste de mon histoire donne plus de plaisir au lecteur, il sera bon, je crois, d'entrer ici dans le détail de tous les plans ridicules que je formais alors pour sortir de l'île, et des motifs qui m'y excitaient. Qu'on me suppose à présent retiré dans mon château, ma barque est mise en sûreté, et ma condition est la même qu'elle était avant mon voyage vers le vaisseau échoué ; mon bien s'est augmenté, mais je n'en suis pas plus riche, et mon or m'est aussi inutile qu'il l'était aux habitans du *Pérou* (1) avant l'arrivée des Espagnols.

Pendant une nuit du mois de mars de la vingt-quatrième année de ma vie solitaire, j'étais dans mon lit, me portant fort bien et de corps et d'esprit, et cependant il m'était impossible de fermer l'œil. Après que mille idées eurent roulé dans ma tête, mon imagination se fixa à la fin sur les événemens de ma vie passée, avant que d'arriver à mon île, desquels je me représentais l'histoire comme en *miniature*.

De là passant à ce qui m'était arrivé dans l'île même, j'entrai dans une comparaison affligeante des

---

(1). *Pays situé dans l'Amérique méridionale, rempli de mines d'or et d'argent.*

premières années de mon exil avec celles que j'avais passées dans la crainte, l'inquiétude et la précaution, depuis le moment que j'avais vu le pied d'un homme imprimé dans le sable. Les sauvages pouvaient y être venus ce moment-là, comme après : je n'en doutai point ; mais alors je n'en avais rien su, et ma tranquillité avait été parfaite au milieu des plus grands dangers ; les ignorer, aurait été pour moi un bonheur égal à celui de n'y être point exposé du tout.

Cette vérité me donna lieu de réfléchir sur la bonté que Dieu a pour l'homme, même en limitant sa vue et ses connaissances. A la faveur de ce double aveuglement, il est calme et tranquille au milieu de mille périls qui l'environnent, et qu'il ne pourrait envisager sans horreur et sans tomber dans le désespoir, s'il perdait l'heureuse ignorance qui les dérobe à ses yeux.

Ces pensées tournèrent naturellement mes réflexions sur les dangers où j'avais été moi-même exposé à mon insu pendant un si grand nombre d'années, lorsqu'avec la plus grande sûreté je m'étais promené partout, dans le tems qu'entre moi et la mort la plus terrible il n'y avait bien souvent que la pointe d'une colline, un gros arbre, une légère vapeur ; c'étaient des moyens si peu considérables, si dépendans du hasard, qui m'avaient préservé de la fureur des cannibales, qui ne se seraient pas fait un plus grand crime de me tuer et de me dévorer, que je m'en faisais de manger un pigeon tué de mes propres mains. Cet affreux souvenir me remplit de sentimens de reconnaissance pour Dieu, et je reconnus avec humilité que c'était à sa seule protection que je devais attribuer tant de secours qui m'avaient délivré, sans que je m'en aperçusse, de la brutalité des sauvages.

Cette brutalité même devint alors le sujet de mon raisonnement; j'avais de la peine à comprendre par quel motif le sage directeur de toutes choses avait pu livrer des créatures raisonnables à un excès d'inhumanité qui les met au-dessous des brutes même, dont la faim épargne les animaux de leur propre espèce. Ayant peine à sortir de cet embarras, je me mis à examiner dans quelle partie du monde ces malheureux peuples pouvaient vivre; combien leur demeure était éloignée de l'île; par quelle raison ils se hasardaient à y aborder, de quelle stucture étaient leurs bâtimens, et si je ne pouvais pas aller à eux aussi facilement qu'ils venaient à moi.

Je ne daignais pas songer seulement au sort qui m'attendait dans le continent, si j'étais assez heureux pour y parvenir sans tomber parmi les *canots* des sauvages; il ne me venait pas même dans l'esprit de penser comment, en ce cas, je trouverais des provisions, et de quel côté je dirigerais mon cours; tout ce qui m'occupait, c'était de gagner le continent; je considérais mon état présent comme tellement misérable, qu'il m'était impossible de faire un mauvais troc, à moins que de le changer contre la mort. Je me flattais d'ailleurs de trouver quelque secours inespéré au continent, ou de réussir comme j'avais fait en Afrique, en suivant le rivage, à trouver quelque terre habitée et la fin de mes misères : peut-être, dis-je, rencontrerai-je quelque vaisseau chrétien qui voudra bien me prendre : en tous cas, le pis qui peut arriver, c'est de mourir, et de finir tout d'un coup mes malheurs.

Cette résolution bizarre était l'effet d'un esprit naturellement impatient, poussé jusqu'au désespoir par une longue et continuelle souffrance, et surtout par le malheur d'avoir été trompé dans mon espérance de trouver à bord du vaisseau quelque homme vivant qui aurait pu m'informer où était situé l'endroit de ma demeure, et par quels moyens je pouvais me tirer de mon triste état.

Toutes ces pensées m'agitèrent d'une telle force, qu'elles suspendirent pour un tems la tranquillité que m'avait donnée autrefois ma résignation à la Providence. Il n'était pas dans mon pouvoir de détourner mon esprit du projet de mon voyage, qui excitait dans mon âme des désirs si impétueux, que ma raison était incapable d'y résister.

Pendant deux heures entières cette passion m'emporta avec tant de violence, qu'elle fit bouillonner mon sang dans mes veines, comme si j'avais eu la fièvre ; mais un épuisement d'esprit succédant à cette agitation, me jeta dans un profond sommeil.

Il est naturel de penser que mes songes doivent avoir roulé sur le même sujet ; cependant à peine y avait-il la moindre circonstance qui s'y rapportât. Je rêvai que, quittant le matin mon château à mon ordinaire, je voyais près du rivage deux canots d'où sortaient onze sauvages avec un prisonnier destiné à leur servir de nourriture. Ce malheureux, dans le moment qu'il allait être tué, s'échappe et se met à courir de mon côté dans le dessein de se cacher dans le bocage épais qui couvrait mon retranchement ; le voyant tout seul sans être poursuivi, je me découvre, en le regardant d'un visage riant, je lui dis une courage, je l'aide à monter mon échelle, je le mène avec moi dans mon habitation, et il devient mon esclave. J'étais charmé de cette rencontre, persuadé d'avoir trouvé un homme capable de me servir de pilote dans mon entreprise, et de me donner les conseils nécessaires pour éviter toutes sortes de dangers.

Voilà mon songe qui, pendant qu'il dura, me remplit d'une joie inexprimable, mais qui fut suivi d'une douleur extravagante dès que je me fus réveillé.

J'inférai pourtant de mon songe, que le seul moyen d'exécuter mon dessein avec succès était d'attraper quelque sauvage; surtout, s'il était possible, quelque prisonnier qui me sût gré de sa délivrance : mais j'y voyais cette terrible difficulté, que, pour y réussir, il fallait absolument massacrer une caravane entière; entreprise désespérée, qui pouvait très-facilement manquer. D'un autre côté, je frissonnais en songeant aux raisons dont j'ai déjà parlé, et qui me faisaient considérer cette action comme extrêmement criminelle. Il est vrai que j'avais dans l'esprit d'autres raisons qui plaidaient pour l'innocence de mon projet, savoir, que ces sauvages étaient réellement mes ennemis, puisqu'il était certain qu'ils me dévoreraient dès qu'il leur serait possible; que, par conséquent, les attaquer c'était proprement travailler à ma propre conservation, sans sortir des bornes d'une défense légitime, d'autant plus que c'était l'unique moyen de me délivrer d'une manière de vivre qu'on pouvait appeler une espèce de mort. Ces argumens pourtant ne me tranquillisaient pas, et j'avais de la peine à me familiariser avec la résolution de me procurer ma délivrance au prix de tant de sang.

Néanmoins, après plusieurs délibérations inquiètes, après avoir pesé long-tems le pour et le contre, ma passion prévalut sur mon humanité, et je me déterminai à faire tout mon possible pour m'emparer de quelque sauvage, à quelque prix que ce fût. La question était de quelle manière en venir à bout ; mais comme il ne m'était pas possible de prendre là-dessus des mesures plausibles, je résolus seulement de me mettre en sentinelle pour découvrir mes ennemis quand ils débarqueraient, et de former alors mon plan conformément aux circonstances qui s'offriraient à mes yeux.

Dans cette vue, je ne manquais pas un jour d'aller

reconnaître; mais je ne découvris rien dans l'espace de dix-huit mois, quoique pendant tout ce tems j'allasse sans relâche tantôt du côté de l'ouest de l'île, tantôt du côté du sud-ouest, les deux parties les plus fréquentées par les sauvages. La fatigue que me donnaient ces sorties inutiles, bien loin de me dégoûter comme autrefois de mon entreprise, et d'émousser ma passion, ne fit que l'enflammer davantage; je souhaitais aussi ardemment de rencontrer les cannibales, que j'avais autrefois désiré de les éviter.

J'avais même alors tant de confiance en moi-même, que je me faisais fort de me ménager assez bien jusqu'à trois de ces sauvages, pour me les assujettir entièrement, et pour leur ôter tout moyen de me nuire; je me plaisais fort dans cette idée avantageuse de mon savoir-faire, et rien ne me manquait, selon moi, que l'occasion de l'employer.

Elle parut à la fin se présenter, un matin que je vis sur le rivage jusqu'à six *canots*, dont les sauvages étaient déjà à terre et hors de la portée de ma vue. Je savais qu'ils venaient d'ordinaire du moins cinq ou six dans chaque barque, et par conséquent leur nombre rompait toutes mes mesures: quelle possibilité pour un seul homme, d'en venir aux mains avec une trentaine? Cependant, après avoir été irrésolu pendant quelques momens, je préparai tout pour le combat; j'écoutai avec attention si j'entendais quelque bruit; ensuite laissant mes deux fusils au pied de mon échelle, je me plaçai d'une telle manière, que ma tête n'en passait pas le sommet. De là j'aperçus, par le moyen de mes lunettes, qu'ils étaient trente tout au moins; qu'ils avaient allumé du feu pour préparer leur festin, et qu'ils dansaient à l'entour avec mille postures et mille gesticulations bizarres, selon la coutume du pays.

Tome II.

Un moment après je les vis qui tiraient d'une barque deux misérables, pour les mettre en pièces. Un des deux tomba bientôt à terre, assommé, à ce que je crois, d'un coup de massue ou d'un sabre de bois ; et, sans délai, deux ou trois de ces bourreaux se jetèrent dessus, lui ouvrirent le corps et en préparèrent tous les morceaux pour leur infernale cuisine, tandis que l'autre victime se tenait là auprès en attendant que ce fût à son tour à être immolée. Ce malheureux se trouvant alors un peu en liberté, la nature lui inspira quelque espérance de se sauver, et il se mit à courir, avec toute la vitesse imaginable, directement de mon côté ; je veux dire du côté du rivage qui menait à mon habitation.

J'avoue que je fus terriblement effrayé en le voyant enfiler ce chemin, surtout parce que je m'imaginais qu'il était poursuivi par toute la troupe ; et je m'attendis à le voir vérifier mon songe en cherchant un asile dans mon bocage, sans avoir lieu de croire que le reste de mon songe se vérifierait aussi, et que les sauvages ne l'y trouveraient pas. Je restai néanmoins dans le même endroit, et j'eus bientôt de quoi me rassurer en voyant qu'il n'y avait que trois hommes qui le poursuivaient, et qu'il gagnait considérablement du terrain sur eux, de manière qu'il devait leur échapper indubitablement, s'il soutenait seulement cette course pendant une demi-heure.

Il y avait dans le rivage, entre lui et mon château, une petite baie, où il devait être attrapé de nécessité, à moins que de la passer à la nage ; mais quand il fut venu jusque-là, il ne s'en mit pas fort en peine, et quoique la marée fût haute alors, il s'y jeta à corps perdu, gagna l'autre bord, dans une trentaine d'élans tout au plus ; après quoi il se remit à courir avec la même force qu'auparavant. Quand ses trois ennemis vinrent dans le même endroit, je remarquai qu'il n'y en avait que deux qui sussent nager, et que le troisième, après s'être arrêté un peu sur le bord, s'en retourna à petits pas vers le lieu du festin, ce qui n'était pas un petit bonheur pour celui qui fuyait. J'observai encore que les deux qui nageaient mettaient à passer cette eau le double du tems que leur prisonnier y avait employé.

Je fus alors pleinement convaincu que l'occasion était favorable pour m'acquérir un compagnon et un domestique, et que j'étais appelé évidemment par le ciel à sauver la vie du misérable en question. Dans cette persuasion je descendis précipitamment du rocher, pour prendre mes fusils; et remontant avec la même ardeur, je m'avançai vers la mer; je n'avais pas grand chemin à faire, et bientôt je me jetai entre les poursuivans et le poursuivi, en tâchant de lui faire entendre par mes cris de s'arrêter. Je lui fis encore signe de la main; mais je crois qu'au commencement il avait tout aussi grand'peur de moi que de ceux à qui il tâchait d'échapper. J'avançai cependant sur eux à pas lents, et ensuite me jetant brusquement sur le premier, je l'assommai d'un coup de crosse; j'aimais mieux m'en défaire de cette manière-là que de faire feu sur lui, de peur d'être entendu des autres, quoique la chose fût fort difficile à une si grande distance, et qu'il eût été impossible aux sauvages de savoir ce que signifiait ce bruit inconnu.

Le second, voyant tomber son camarade, s'arrête tout court comme effrayé; je continue à aller droit à lui, mais en l'approchant je le vois armé d'un arc, et qu'il y met la flèche; ce qui m'oblige à le prévenir, et je le jette à terre roide mort du premier coup. Pour le pauvre fuyard, quoiqu'il vit ses deux ennemis hors de combat, il était si épouvanté du feu et du bruit qui l'avaient frappé, qu'il s'arrêta tout court sans bouger du même endroit; et je vis dans son air effaré plus d'envie de s'enfuir de plus belle, que d'approcher : je lui fais signe de nouveau de venir à moi ; il fait quelques pas, puis il s'arrête encore, et continue ce même manége pendant quelques momens. Il s'imaginait sans doute qu'il était devenu prisonnier une seconde fois, et qu'il allait être tué comme ses deux ennemis. Enfin, après lui avoir fait signe d'approcher, pour la troisième fois, de la manière la plus propre à le rassurer, il s'y hasarda, en se mettant à genoux à chaque dix ou douze pas, pour me témoigner sa reconnaissance. Pendant tout ce tems, je lui souriais aussi gracieusement qu'il m'était possible. Enfin, étant arrivé auprès de moi, il se jette à mes genoux, il baise la terre, il prend un de mes pieds et le pose sur sa tête, pour me faire comprendre sans doute qu'il me jurait fidélité, et qu'il me faisait hommage en qualité de mon esclave. Je le levai de terre en lui faisant des caresses, pour l'encourager de plus en plus ; mais l'affaire n'était pas encore finie : je vis bientôt que le sauvage que j'avais fait tomber d'un coup de crosse n'était pas mort, et qu'il n'avait été qu'étourdi ; je le fis remarquer à mon esclave, qui, là-dessus, prononça quelques mots que je n'entendis pas, et qui ne laissèrent point de me charmer, comme le premier son d'une voix humaine qui avait frappé mes oreilles dans l'espace de vingt-cinq ans.

Mais il n'était pas tems encore de m'abandonner à ce plaisir ; le sauvage en question avait déjà assez repris de forces pour se mettre sur son séant, et la frayeur recommença à paraître dans l'air de mon esclave ; mais dès qu'il me vit faire mine de lâcher mon second fusil sur ce malheureux, il me fit entendre par signes qu'il souhaitait de m'emprunter mon sabre, ce que je lui accordai. A peine s'en est-il saisi, qu'il se jette sur son ennemi, et qu'il lui tranche la tête d'un seul coup, aussi vite et aussi adroitement que pourrait le faire le plus habile bourreau de toute l'Allemagne. C'était pourtant la première fois de sa vie qu'il avait vu une épée, à moins qu'on ne veuille donner ce nom aux sabres de bois, qui sont les armes ordinaires de ces peuples. J'ai pourtant appris dans la suite que ces sabres sont d'un bois si dur et si pesant, et qu'ils savent si bien les affiler, que, d'un seul coup, ils font voler de dessus un corps la tête avec les épaules.

Après avoir fait cette expédition, il revint à moi en sautant et en faisant des éclats de rire, pour célébrer son triomphe, et avec mille gestes dont j'ignorais le sens : il mit mon sabre à mes pieds avec la tête du sauvage.

Ce qui l'embarrassa extraordinairement, c'était la manière dont j'avais tué l'autre Indien à une si grande distance ; et me le montrant, il me demanda par signes la permission de le voir de près : en étant tout proche, sa surprise augmente ; il le regarde, le tourne tantôt d'un côté, tantôt de l'autre ; il examine la blessure que la balle avait faite justement dans la poitrine, et qui ne paraissait pas avoir saigné beaucoup, à cause que le sang s'était répandu en dedans. Après avoir considéré cela assez de tems, il revint à moi avec l'arc et les flèches du mort ; et moi, résolu de m'en aller, je lui ordonne de me suivre, en lui faisant entendre que je craignais que les sauvages ne fussent bientôt suivis d'un plus grand nombre.

Il me fit signe ensuite qu'il allait les enterrer, de peur qu'ils ne nous découvrissent ; je le lui permis, et dans un instant il eut creusé deux trous dans le sable, où il les enterra l'un après l'autre. Cette précaution prise, je l'emmenai avec moi, non dans mon château, mais dans la grotte que j'avais plus avant dans l'île ; ce qui démentit mon songe, qui avait donné mon bocage pour asile à mon esclave.

C'est dans cette grotte que je lui donnai du pain,

7.

une grappe de raisins secs, et de l'eau dont il avait surtout grand besoin, étant fort altéré par la fatigue d'une si longue et si rude course. Je lui fis signe d'aller dormir, en lui montrant un tas de paille de riz, avec une couverture qui me servait de lit assez souvent à moi-même.

C'était un grand garçon bien découplé, de vingt-cinq ans à peu près; il était parfaitement bien fait; tous ses membres, sans être fort gros, marquaient qu'il était adroit et robuste; son air était mâle, sans aucun mélange de férocité; au contraire, on voyait dans ses traits, surtout quand il souriait, cette douceur et cet agrément qui est particulier aux Européens. Il n'avait pas les cheveux semblables à de la laine frisée, mais longs et noirs; son front était grand et élevé, ses yeux brillans et pleins de feu. Son teint n'était pas noir, mais fort basané, sans avoir rien de cette désagréable couleur tannée des habitans du Brésil et de la Virginie; il approchait plutôt d'une légère couleur d'olive, dont il n'est pas aisé de donner une idée, mais qui me paraissait avoir quelque chose de fort revenant. Il avait le visage rond et le nez bien fait, la bouche belle, les lèvres minces, les dents bien rangées et blanches comme de l'ivoire.

Après avoir plutôt sommeillé que dormi pendant une demi-heure, il se réveille, sort de la grotte pour me rejoindre; car dans cet intervalle j'avais été traire mes chèvres, qui étaient dans mon enclos, tout près de là : il vient à moi en courant, il se jette à mes pieds avec toutes les marques d'une âme véritablement reconnaissante; il renouvelle la cérémonie de me jurer fidélité, posant mon pied sur sa tête; en un mot, il fait tous les gestes imaginables pour m'exprimer son désir de s'assujettir à moi pour toujours. J'entendais la plupart de ses signes, et je fis de mon mieux pour lui faire connaître que j'étais content de lui. Dans peu de tems, je commençai à lui parler, et il apprit à me parler à son tour. Je lui enseignai d'abord qu'il s'apellerait *Vendredi*, nom que je lui donnai en mémoire du jour dans lequel il était tombé en mon pouvoir. Je lui appris encore à me nommer mon *maître*, et à dire à propos *oui* et *non*. Je lui donnai ensuite du lait dans un pot de terre; j'en bus le premier, et j'y trempai mon pain; en quoi m'ayant imité, il me fit signe qu'il le trouvait bon.

Je restai avec lui toute la nuit suivante dans la grotte; mais, dès que le jour parut, je lui fis comprendre de me suivre, et que je lui donnerais des habits; ce qui parut le réjouir, car il était absolument nu. En passant par l'endroit où il avait enterré les sauvages, il me le montra exactement aussi bien que les marques qu'il avait laissées pour le reconnaître, en me faisant signe qu'il fallait déterrer ces corps et les manger. Je me donnai là-dessus l'air d'un homme fort en colère; je lui exprimai l'horreur que j'avais d'une pareille pensée, en faisant comme si j'allais vomir, et je lui ordonnai de s'en aller, ce qu'il fit dans le moment avec beaucoup de soumission. Je le menai ensuite avec moi au haut de la colline, pour voir si les ennemis étaient partis, et en me servant de ma lunette je ne découvris que la place où ils avaient été, sans apercevoir ni eux, ni leurs bâtimens; marque certaine qu'ils s'étaient embarqués.

Je n'étais pas encore satisfait de cette découverte, et me trouvant à présent plus de courage, et par conséquent plus de curiosité, je pris mon esclave avec moi, armé de mon épée, et l'arc avec les flèches sur le dos; je lui fis porter un de mes mousquets, j'en gardai deux moi-même, et de cette manière nous marchâmes vers le lieu du festin.

En y arrivant, mon sang se glaça par l'horreur du spectacle, qui ne fit pas le même effet sur *Vendredi* ; tout l'endroit était couvert d'ossemens et de chair à moitié mangée ; en un mot, de toutes les marques du *repas de triomphe*, par lequel les sauvages avaient célébré la victoire qu'ils avaient obtenue sur leurs ennemis. Je vis à terre trois crânes, cinq mains et les os de deux ou trois jambes, autant de pieds, et *Vendredi* me fit entendre par ses signes qu'ils avaient emmené avec eux quatre prisonniers, dont ils en avaient mangé trois, lui-même étant le quatrième ; qu'il y avait eu une grande bataille entre eux et le roi dont il était sujet, et qu'il y avait eu beaucoup de prisonniers de part et d'autre, qui avaient été destinés au même sort que ceux dont je voyais les restes.

Je fis en sorte que mon esclave les ramassât tous dans un monceau, et que, mettant un grand feu à l'entour, il les réduisît en cendres : je voyais bien que son estomac était avide de cette chair, et que dans le cœur il était encore un vrai cannibale ; mais je lui marquai tant d'horreur pour un appétit si dénaturé, qu'il n'osait pas le découvrir, de crainte que je ne le tuasse.

La chose étant faite, nous nous en retournâmes dans mon château, où je me mis à travailler aux habits de *Vendredi*. Je lui donnai d'abord une culotte de toile, que j'avais trouvée dans le coffre d'un des matelots, et qui, changée un peu, lui allait passablement bien. J'y ajoutai une veste de peau de chèvre ; et comme j'étais devenu tailleur dans les formes, je lui fis encore un bonnet de la peau d'un lièvre, dont la façon n'était pas tant mauvaise. Il était charmé de se voir presque tout aussi bien vêtu que son maître, quoique dans le commencement il eût un air fort grotesque dans ces habillemens, auxquels il n'était pas accoutumé. Sa culotte l'incommoda fort, et les manches de la veste lui faisaient mal aux épaules et sous les bras ; mais tout cela étant élargi un peu dans les endroits nécessaires, commença bientôt à lui devenir familier.

Le jour suivant, je me mis à délibérer où loger mon domestique d'une manière commode pour lui, sans que j'en eusse rien à craindre pour moi, s'il était assez méchant pour attenter quelque jour à ma vie. Je ne trouvai rien de plus convenable que de lui faire une hutte entre mes deux retranchemens, et je pris toute la précaution nécessaire pour l'empêcher de venir dans mon château malgré moi ; de plus, je résolus d'emporter toutes les nuits avec moi, dans ma demeure, tout ce que j'avais d'armes en ma possession.

Heureusement toute cette prudence n'était pas fort nécessaire ; jamais homme n'eut valet plus fidèle, plus rempli de candeur et d'amour pour son maître : il s'attachait à moi avec une tendresse véritablement filiale : il était sans fantaisies, sans opiniâtreté, incapable d'emportement, et en toute occasion il aurait sacrifié sa vie pour sauver la mienne. Il m'en donna en peu de tems un si grand nombre de preuves, qu'il me fut impossible de douter de son mérite et de l'inutilité de mes précautions à son égard.

Les bonnes qualités de mon esclave me faisaient remarquer souvent que, s'il avait plu à Dieu, dans sa sagesse, de priver un si grand nombre d'hommes du véritable usage de leurs facultés naturelles, il leur avait pourtant donné les mêmes principes de raisonnement qu'aux autres hommes, les mêmes désirs, les mêmes sentimens de probité et de reconnaissance, la même sincérité, la même fidélité, et que ces pauvres barbares employaient toutes ces facultés tout aussi bien que nous, dès qu'il plaisait à la Divinité de leur donner l'occasion de s'apercevoir eux-mêmes de l'excellence de leur nature.

Cette réflexion me rendait fort mélancolique, quand je songeais jusqu'à quel point nous nous servons nous-mêmes de toutes les facultés de notre raison, quoique éclairés par l'esprit de Dieu et par la connaissance de sa parole, et je ne pouvais pas comprendre pourquoi la Providence avait refusé le même secours à tant de millions d'âmes qui en auraient fait un meilleur usage que nous, si j'en puis juger par la conduite de mon sauvage. Ma raison était quelquefois assez égarée pour s'en prendre à la souveraineté de Dieu même, ne pouvant pas concilier avec la justice divine cette disposition arbitraire de la Providence qui éclaire l'esprit des uns, laisse celui des autres dans les ténèbres, et exige pourtant de tous les deux les mêmes devoirs. Tout ce que je pouvais imaginer pour me tirer de cette difficulté embarrassante, c'est que Dieu étant infiniment saint et juste, ne punirait ses créatures que pour avoir péché contre les *lumières qui leur servent de loi*; et qu'il ne les condamnerait que par des règles de justice, qui passent pour telles dans leurs propres consciences; qu'enfin nous sommes comme l'argile entre les mains du potier, à qui aucun vase n'a droit de dire: *Pourquoi m'as-tu fait ainsi?*

Mais pour retourner à mon nouveau compagnon, j'étais charmé de lui, et je me faisais une affaire de l'instruire et lui enseigner à parler; et je le trouvai le meilleur écolier du monde: il était si gai, si ravi, quand il pouvait m'entendre, ou faire en sorte que je l'entendisse, qu'il me communiquait sa joie, et me faisait trouver un plaisir piquant dans nos conversations. Mes jours s'écoulaient alors dans une douce tranquillité ; et pourvu que les sauvages me laissassent en paix, j'étais content de finir ma vie dans ces lieux.

Trois ou quatre jours après que j'avais commencé à vivre avec *Vendredi*, je résolus de le détourner de son appétit cannibale en lui faisant goûter d'autres viandes ; je le conduisis donc un matin dans le bois, où j'avais dessein de tuer un de mes propres chevreaux pour l'en régaler ; mais en y entrant, je découvris par hasard une chèvre femelle couchée à l'ombre, et accompagnée de deux de ses petits : là-dessus j'arrêtai *Vendredi*, en lui faisant signe de ne point bouger, et en même tems je fis feu sur un des chevreaux, et le tuai. Le pauvre sauvage, qui m'avait vu terrasser de loin un de ses ennemis sans pouvoir comprendre la possibilité de la chose, effrayé de nouveau, tremblait comme la feuille ; sans tourner les yeux du côté du chevreau pour voir si je l'avais tué ou non, il ne songea qu'à ouvrir sa veste pour examiner s'il n'était pas blessé lui-même. Il croyait sans doute que j'avais résolu de m'en défaire, car il vint se mettre à genoux devant moi, et, embrassant les miens, il me tint d'assez longs discours où je ne comprenais rien, sinon qu'il me suppliait de ne pas le tuer.

Pour le désabuser, je le pris par la main en souriant, je le fis lever, et, lui montrant du doigt le chevreau, je lui fis signe de l'aller chercher ; ce qu'il fit, et, dans le tems qu'il était occupé à découvrir comment cet animal avait été tué, je chargeai mon fusil de nouveau. Dans le moment même j'aperçus sur un arbre, à la portée du fusil, un oiseau que je pris d'abord pour un oiseau de proie ; mais qui, dans la suite, se trouva être un perroquet. Là-dessus j'appelle mon sauvage, et lui montrant du doigt mon fusil, le perroquet et la terre qui était sous l'arbre, je lui fais entendre mon dessein d'abattre l'oiseau : je le fis tomber effectiv[e]ment, et je vis mon sauvage effrayé de nouvea[u] malgré tout ce que j'avais tâché de lui faire co[m]prendre. Ne m'ayant rien vu mettre dans mon fus[il] il le regarda comme une source inépuisable de rui[ne] et de destruction. De long-tems il ne put reven[ir] de sa surprise; et si je l'avais laissé faire, je cro[is] qu'il aurait adoré mon fusil aussi bien que moi. [Il] n'osa pas y toucher pendant plusieurs jours; m[ais] il lui parlait comme si cet instrument eût été ca[pa]ble de lui répondre : c'était, comme je l'ai app[ris] dans la suite, pour le prier de ne pas lui ôter [la] vie.

Quand je le vis un peu revenu de sa frayeur, [je] lui fis signe d'aller chercher l'oiseau, ce qu'il f[it]; mais voyant qu'il avait de la peine à le trouv[er] parce que la bête n'étant pas tout-à-fait mort[e] s'était traînée assez loin de là, je pris ce tems p[our] recharger mon fusil à l'insu de mon sauvage. [Il] revint bientôt après avec ma proie; et moi, [ne] trouvant plus l'occasion de l'étonner, je m'en [re]tournai avec lui dans ma demeure.

Le même soir j'écorchai le chevreau, je le cou[pai] en pièces, et j'en mis quelques morceaux sur le [feu] dans un pot que j'avais : je les fis étuver, j'en fis [du] bouillon, et je donnai une partie de cette vian[de] ainsi préparée à mon valet, qui, voyant que j[e] mangeais, se mit à la goûter aussi. Il me fit sig[ne] qu'il y prenait plaisir; mais ce qui lui parut étran[ge] c'est que je mangeais du sel avec mon bouilli. Il [me] fit comprendre que le sel n'était pas bon, et ap[rès] en avoir mis quelques grains dans sa bouche, il cracha et fit une grimace comme s'il en avait m[al] au cœur, ensuite se lava la bouche avec de l'e[au] fraîche. Pour moi, au contraire, je fis les mêm[es] grimaces en prenant une bouchée de viande sa[ns] sel; mais je ne pus pas le porter à en faire de mêm[e] et il fut fort long-tems sans pouvoir s'y accoutumer.

Après l'avoir ainsi apprivoisé avec cette nourriture, je voulus le jour suivant le régaler d'un plat de rôti, ce que je fis en attachant un morceau de mon chevreau à une corde, et en le faisant tourner continuellement devant le feu, comme je l'avais vu pratiquer quelquefois en Angleterre. Dès que *Vendredi* en eut goûté, il fit tant de différentes grimaces pour me dire qu'il le trouvait excellent et qu'il ne mangerait plus de chair humaine, qu'il y aurait eu bien de la stupidité à ne le pas entendre.

Le jour après, je l'occupai à battre du blé et à le vanner à ma manière, ce qu'en peu de tems il fit aussi bien que moi; il apprit de même à faire du pain; en un mot, il ne lui fallut que peu de jours d'apprentissage pour être capable de me servir de toutes manières.

J'avais à présent deux bouches à nourrir, et j'avais besoin d'une plus grande quantité de grain que par le passé. C'est pourquoi je choisis un champ plus étendu, et je me mis à l'enclore comme j'avais fait par rapport à mes autres terres; en quoi *Vendredi* m'aida non-seulement avec beaucoup d'adresse et de diligence, mais encore avec beaucoup de plaisir, sachant que c'était pour augmenter mes provisions et pour être en état de les partager avec lui. Il me parut fort sensible à mes soins, et il me fit entendre que sa reconnaissance l'animerait à travailler avec d'autant plus d'assiduité. C'est l'année la plus agréable que j'aie passée dans mon île. *Vendredi* commençait à parler joliment; il savait déjà les noms de presque toutes les choses dont je pouvais avoir besoin, et de tous les lieux où j'avais à l'envoyer; ce qui me rendait l'usage de ma langue, qui m'avait été si long-tems inutile, du moins par rapport au discours. Ce n'était pas seulement par sa conservation qu'il me plaisait, j'étais charmé de plus en plus de sa probité, et je commençais à l'aimer avec passion, voyant que, de son côté, il avait pour moi tout l'attachement et toute la tendresse possibles.

Un jour, j'eus envie de savoir de lui s'il regrettait beaucoup sa patrie ; et comme il savait assez d'anglais pour répondre à la plupart de mes questions, je lui demandai si sa nation n'était jamais victorieuse dans les combats ; et se mettant à sourire : *Oui*, me dit-il, *nous toujours combattre le meilleur* ; c'est-à-dire nous remportons toujours la victoire. Là-dessus nous eûmes l'entretien suivant, que je range ici en forme de dialogue.

LE MAÎTRE.

Votre nation combat toujours le meilleur ? D'où vient donc que vous avez été fait prisonnier ?

VENDREDI.

Ma nation pour combattre beaucoup.

LE MAÎTRE.

Mais comment donc avez-vous été pris ?

VENDREDI.

Eux plus beaucoup que ma nation, où moi être. Eux prendre un, deux, trois, et moi. Ma nation battre eux dans l'autre place, où moi n'être pas ; là ma nation prendre un, deux grands mille.

LE MAÎTRE.

Pourquoi donc vos gens ne vous ont-ils pas repris sur les ennemis ?

VENDREDI.

Eux porter un, deux, trois et moi dans le canot. Ma nation n'avoir point canot alors.

LE MAÎTRE.

Eh bien ! *Vendredi*, dites-moi que fait votre nation des prisonniers qu'elle fait ? Les emmène-t-elle pour les manger ?

VENDREDI.

Oui, ma nation aussi manger hommes, manger tout-à-fait.

LE MAÎTRE.

Où les mène-t-elle ?

VENDREDI.

Les mener partout où trouver bon.

LE MAÎTRE.

Les mène-t-elle quelquefois ici ?

VENDREDI.

Oui, ici et beaucoup autres places.

LE MAÎTRE.

Avez-vous été ici avec vos gens ?

VENDREDI.

Oui, moi venir ici, dit-il, en montrant du doigt le nord-ouest de l'île.

Par-là je compris que mon sauvage avait été par

le passé dans l'île, à l'occasion de quelque festin cannibale sur le rivage le plus éloigné de moi; et quelque tems après, lorsque je me hasardai d'aller de ce côté-là avec lui, il reconnut d'abord l'endroit, et me conta qu'il avait aidé un jour à manger vingt hommes, deux femmes et un enfant. Il ne savait pas compter jusqu'à vingt; mais il mit autant de pierres sur le sable, et me pria de les compter.

Ce discours me donna occasion de lui demander combien il y avait de l'île au continent, et si dans le trajet les canots ne périssaient pas souvent. Il me répondit qu'il n'y avait point de danger, et qu'un peu avant dans la mer on trouvait les matins le même vent et le même courant, et toutes les après-dînées un vent et un courant directement opposés.

Je crus d'abord que ce n'était autre chose que le flux et le reflux; mais je compris dans la suite que ce phénomène était causé par la grande rivière *Orénoque* (1) dans l'embouchure de laquelle mon île était située, et que la terre que je découvrais à l'ouest et au nord-ouest était la grande île de la *Trinité*, située au septentrion de la rivière. Je fis mille questions à *Vendredi* touchant le pays, les habitans, la mer, les côtes et les peuples qui en étaient voisins, et il me donna sur tout cela toutes les ouvertures qu'il pouvait; mais j'avais beau lui demander les noms des différens peuples des environs, il ne me répondit rien, sinon *Caribs*; d'où j'inférais que c'était *Caribs* que nos cartes placent du côté de l'Amérique, qui s'étend de la rivière *Orénoque*, vers *Guiana* et *Sainte-Marthe*. Il me dit

---

(1) *Grande rivière de l'Amérique, dans la terre ferme, découverte par Christophe Colomb, en* 1498.

encore que bien loin derrière la lune (il voulait dire vers le couchant de la lune, ce qui doit être à l'ouest de leur pays), il y avait des hommes blancs et barbus comme moi, et qu'ils avaient tué *grand beaucoup hommes*; c'était là sa manière de s'exprimer. Il était aisé à comprendre qu'il désignait par-là les Espagnols, dont les cruautés se sont répandues par tous les pays, et que les habitans détestent par tradition.

Je m'informai de lui là-dessus comment je pourrais faire pour venir parmi ces hommes blancs. Il me repartit que j'y pouvais aller en *deux canots*, ce que je ne compris pas d'abord; mais quand il se fut expliqué par signes, je vis qu'il entendait par-là un canot aussi grand que deux autres.

Cet entretien me fit grand plaisir, et me donna l'espérance de me tirer quelque jour de l'île, et de trouver pour cela un secours considérable dans mon fidèle sauvage.

Je ne négligeais pas parmi ces différentes conversations de poser dans son âme les bases de la religion chrétienne. Un jour, entre autres, je lui demandais qui l'avait fait. Le pauvre garçon ne me comprenant pas, crut que je lui demandais qui était son père. Je donnai donc un autre tour à ma question, et je lui demandai qui avait fait la mer, la terre, les collines, les forêts. Il me dit que c'était un vieillard nommé Benakmukée, *qui survivait à toutes choses*. Tout ce qu'il en savait dire, c'est qu'il était fort âgé, plus âgé que la mer, la lune et les étoiles. Je lui demandai encore pourquoi, puisque ce vieillard avait fait toutes choses, toutes les choses ne l'adoraient pas. Il me repartit, avec un air de simplicité, que toutes créatures lui disaient: *Oh!* c'est-à-dire, dans son style, lui rendaient hommage. Mais, lui dis-je, où vont les gens de votre pays après leur mort? Ils vont tous chez *Benakmukée*,

8.

me répliqua-t-il; et il me donna la même réponse à la même question que je lui fis touchant leurs ennemis qu'ils mangeaient.

Je tirai de là occasion de l'instruire dans la connaissance du vrai Dieu: je lui dis que le grand créateur de tous les êtres vit dans le ciel, qu'il gouverne tout par le même pouvoir et par la même sagesse par lesquels il a tout formé; qu'il est tout-puissant, capable de faire tout pour nous, de nous donner tout, de nous ôter tout; et de cette manière là je lui ouvris les yeux par degrés. Il m'écoutait avec attention, et paraissait recevoir avec plaisir la notion de Jésus-Christ envoyé au monde pour nous racheter, et de la véritable manière d'adresser nos prières à Dieu qui pouvait les entendre, quoiqu'il fût dans le ciel.

Il me dit là-dessus que, puisque notre Dieu pouvait nous entendre quoiqu'il demeurât au-delà du soleil, il devait être un plus grand Dieu que leur Benakmukée, qui n'était pas si éloigné d'eux, et qui cependant ne pouvait les entendre, à moins qu'ils ne vinssent lui parler sur les hautes montagnes où il avait sa demeure. Y avez-vous été quelquefois, lui dis-je, pour avoir une pareille conférence? Il me répondit « que les jeunes » gens n'y allaient jamais, et que c'était l'affaire » des Ookakée, qui lui vont dire *Oh!* et qui leur » rapportent sa réponse. » Par ces Ookakée, il entendait certains vieillards qui leur tiennent lieu de prêtres.

Je compris par-là qu'il y a des fraudes pieuses, même parmi les aveugles païens, et que la politique de se réserver certains mystères du culte religieux ne se trouve pas seulement chez le clergé romain, mais encore chez le clergé de toutes les religions, quelque absurdes et quelque barbares qu'elles puissent être.

Je fis mes efforts pour rendre sensible à mon sauvage la fraude de leurs prêtres, en lui disant que leur prétention d'aller parler à Benakmukée et d'en rapporter les réponses, était une fourberie, ou bien s'ils avaient réellement de pareilles conférences, que ce ne devait être qu'avec quelque mauvais génie. J'eus par-là occasion d'entrer dans un discours détaillé concernant le diable, son origine, sa rébellion contre Dieu, sa haine pour les hommes qui le porte à se placer parmi les peuples les plus ignorans pour s'en faire adorer; les stratagèmes qu'il emploie pour nous duper, la communication secrète qu'il se ménage avec nos passions et nos penchans, et sa subtilité à accommoder si bien ses piéges à nos inclinations naturelles, que nous devenons nos propres tentateurs et que nous courons à notre perte de notre propre gré.

Les idées justes que je m'efforçais à lui donner du diable, ne faisaient pas sur son esprit les mêmes impressions que les notions de la Divinité. La nature même l'aidait à sentir l'évidence de mes argumens touchant la nécessité d'une première cause et d'une Providence, comme aussi touchant la justice qu'il y a à en rendre hommage à celui à qui nous devons notre existence et notre conservation. Mais il était fort éloigné de trouver les mêmes secours pour se former l'idée du démon, de son origine, de son inclination à faire du mal, et à porter le genre humain à l'imiter.

Le pauvre garçon m'embarrassa un jour terriblement sur cette matière, par une question qu'il me fit sans malice, et à laquelle pourtant je ne sus que lui répondre. En voici l'occasion.

Je venais de lui parler d'une manière étendue de la toute-puissance de Dieu; de son aversion pour le péché, par laquelle il devient un feu consumant pour des *ouvriers d'iniquité*, et de son pouvoir de nous détruire dans un moment, comme dans un moment il nous a créés. Il avait écouté tout cela d'un air fort sérieux et fort attentif.

J'en étais venu ensuite à lui conter que le diable était l'ennemi de Dieu dans les cœurs des hommes, et qu'il se servait de toute sa subtilité malicieuse pour détruire les bons desseins de la Providence et pour ruiner le royaume de Jésus-Christ. « Comment ! » dit là-dessus *Vendredi*, Dieu être si grand, si » puissant, n'être pas lui grand, plus puissant » que le diable ? » Certainement il est plus puissant que le diable, lui dis-je ; et c'est pour cette raison que nous prions Dieu de pouvoir fouler le diable sous nos pieds, résister à ses tentations, et éteindre ses dards enflammés. « Mais, répliqua-t-il, Dieu » plus puissant, plus grand que le diable, pourquoi » Dieu ne pas tuer le diable, pour le diable non » plus faire mauvais ? »

La question me surprit : j'étais un homme d'âge, mais fort jeune docteur, et peu propre à résoudre de telles difficultés. Comme je ne savais que dire, je fis semblant de ne pas l'entendre, et je lui demandai ce qu'il voulait dire ; mais il souhaitait trop sérieusement une réponse pour oublier sa question, et il la répéta dans le même mauvais style. Pour moi, ayant eu le tems de me reconnaître, je lui répondis que Dieu punirait le diable à la fin sévèrement ; qu'il était réservé pour le jugement dernier, qui le condamnerait au feu éternel. Ma solution ne satisfit pas mon sauvage, et répétant mes paroles : « A la » fin, dit-il, réservé pour le jugement ? moi non » entendre : pourquoi non tuer le diable à présent ? » pourquoi non tuer grand auparavant ? » Il vaudrait autant me demander, repartis-je, pourquoi Dieu

ne nous tue pas vous et moi, quand nous l'offensons. Il nous conserve pour que nous nous repentions, et qu'il puisse nous pardonner. Après avoir un peu ruminé là-dessus : « Bon, bon, dit-il avec une es-
» pèce de passion, ainsi vous, moi, diable, tous
» mauvais, tous préserver, tous repentir, Dieu tous
» pardonner à la fin. »

Me voilà atterré pour la seconde fois ; marque certaine que les simples notions de la nature peuvent conduire les créatures raisonnables à connaître la Divinité et à lui adresser un culte religieux, mais que la révélation seule nous peut ramener à la connaissance d'un Christ, rédempteur du genre humain, médiateur de la nouvelle alliance et notre intercesseur devant le trône de Dieu. Il n'y a, dis-je, qu'une révélation divine qui puisse imprimer de telles notions dans notre âme, et par conséquent la Sainte Ecriture seule, accompagnée dans l'esprit de Dieu, nous peut instruire dans la *science du salut*.

Cette réflexion me fit interrompre mon entretien avec *Vendredi*; et me levant avec précipitation, je fis semblant d'avoir des affaires ; je trouvai même moyen de l'envoyer bien loin de là sous quelque prétexte, et dans cet intervalle je priai Dieu ardemment de préparer le cœur de ce malheureux sauvage par son saint esprit, pour le rendre accessible à la connaissance de l'Evangile, qui seule pouvait le réconcilier avec son créateur : je le suppliai de guider tellement ma langue quand je lui parlerais de sa sainte parole, que ses yeux pussent s'ouvrir, et son esprit être convaincu et son âme sauvée.

Dès qu'il fut de retour, je me mis à lui parler fort au long de la rédemption du genre humain par notre divin sauveur, de la doctrine de l'Evangile qui nous a été prêchée par le ciel même, dont les principaux points sont la repentance et la foi en Jésus-Christ. Je lui expliquai de mon mieux pourquoi il n'avait pas revêtu la nature d'un ange, mais celle d'un homme, et comment, pour cette raison, la rédemption ne regardait pas les anges tombés, mais uniquement *les brebis égarées de la maison d'Israël*.

Il y avait beaucoup plus de bonne volonté que de connaissance dans ma méthode d'instruire mon pauvre *Vendredi*, et j'avoue qu'il m'arriva ce qui arrive en pareil cas à bien d'autres; en travaillant à son instruction, je m'instruisis moi-même sur plusieurs points qui m'avaient été inconnus auparavant, ou du moins que je n'avais pas considérés avec assez d'attention, mais qui se présentaient naturellement à mon esprit lorsque j'en avais besoin. Je me trouvais même plus animé à la recherche des vérités salutaires, que je ne l'avais été de ma vie; ainsi, que j'aie réussi avec mon sauvage ou non, du moins est-il sûr que j'avais de fortes raisons pour rendre grâces au ciel de me l'avoir fait rencontrer. Quel bonheur pour moi, dans l'exil auquel j'avais été condamné, d'être non-seulement emporté par les châtimens de Dieu à tourner mes yeux du côté du ciel pour chercher la main qui me frappait, mais surtout de me trouver un instrument de la Providence pour sauver le corps d'un malheureux sauvage, et peut-être aussi son âme, en le conduisant à la connaissance de Jésus-Christ, qui est la vie éternelle !

Quand je réfléchissais sur toutes ces choses, une joie secrète et calme s'emparait de mon cœur, et j'étais ravi d'avoir été conduit par la Providence dans un lieu que j'avais si souvent regardé comme la source de mes plus cruels malheurs.

Dans cette agréable disposition de mon cœur, entretenue par les conversations de mon cher sauvage, je passai trois années entières parfaitement heureux, s'il est permis d'appeler bonheur parfait aucune situation de l'homme dans cette vie. Mon esclave était déjà aussi bon chrétien que moi, et peut-être meilleur; nous pouvions jouir ensemble de la lecture de la parole de Dieu, et son esprit n'était pas plus éloigné de nous que si nous nous étions trouvés en Angleterre.

Je m'appliquai sans relâche à cette lecture, et à lui en expliquer le sens selon mes faibles lumières; et à son tour il aiguisait mon esprit par ses demandes sensées, et me rendait plus habile dans les vérités salutaires que je ne serais devenu en lisant seul. L'expérience m'apprit alors que, par une bénédiction inexprimable, la connaissance de Dieu et la doctrine nécessaire au salut sont si clairement exposées dans la sainte Écriture, que la simple lecture en suffit pour nous faire comprendre nos devoirs, pour nous exciter à nous mettre en possession d'un Sauveur, et à réformer entièrement notre vie, en nous soumettant avec obéissance à tous les commandemens de Dieu. Tel était mon sort; je n'avais aucun secours, du moins aucun secours humain pour contribuer à mon instruction; et les mêmes moyens se trouvèrent suffisans pour éclairer mon sauvage, et pour en faire un aussi bon chrétien que j'en aie jamais rencontré.

Pour la connaissance des disputes et des controverses qui sont si fréquentes dans le monde, et qui roulent sur le gouvernement ecclésiastique ou sur quelque subtilité en matière de doctrine, elle nous était parfaitement inutile, comme, à mon avis, elle l'est à tout le reste du genre humain. Nous avions un guide sûr pour le salut, savoir la parole de Dieu, et, grâces au Seigneur, nous sentions d'une manière très-consolante les grâces de son Saint-Esprit qui nous menait en toute vérité, et qui nous rendait soumis aux ordres et aux préceptes de sa parole. A quoi nous aurait servi de démêler l'embarras des *points disputés*, qui ont produit tant de désordres dans le monde, quand même nous aurions eu assez d'habileté pour y parvenir? Mais il est tems de revenir aux suites de mon histoire.

Dès que *Vendredi* et moi fûmes en état de conférer ensemble, et qu'il commença à parler en mauvais anglais, je lui fis le récit de mes aventures, au moins de celles qui avaient quelque relation avec mon séjour dans cette île, et avec la manière dont j'y avais vécu; je le fis entrer dans le mystère de la poudre à canon et des balles, et je lui enseignai la manière de tirer; de plus, je lui donnai un couteau dont il se faisait un plaisir extraordinaire, et je lui fis un ceinturon avec une gaîne suspendue, comme celle où l'on met en Angleterre les couteaux de chasse, mais appropriée pour y mettre une hache, dont l'utilité nous était beaucoup plus générale.

Je lui fis encore une description de l'Europe, et principalement de l'Angleterre, ma patrie; je lui dépeignis notre manière de vivre, notre culte religieux, le commerce que nous faisons par tout l'univers par le moyen de nos vaisseaux; je n'oubliai pas de lui donner une idée du vaisseau que j'avais été visiter, et l'endroit où il avait échoué. Il est vrai que cette particularité était peu nécessaire, puisque, selon toutes les apparences, la mer l'avait si bien ruiné, qu'il n'en restait pas moindre trace.

Je lui fis remarquer aussi les restes de la chaloupe que nous perdîmes quand je m'échappai du naufrage : à peine y eut-il jeté les yeux, qu'il se mit à penser avec un air d'étonnement, sans dire un seul mot. Je lui demandai quel était le sujet de sa méditation; à quoi il ne répondit rien : « Moi voir telle chaloupe ainsi chez ma na- » tion. »

Je ne savais pas ce qu'il voulait dire pendant assez long-tems ; mais, après un plus mûr examen, je compris qu'il voulait me faire entendre qu'une semblable chaloupe avait été portée par un orage sur le rivage de sa nation. Je conclus de là que quelque vaisseau européen devait avoir fait naufrage sur ces côtes, et que peut-être les vents, ayant détaché la chaloupe, l'avaient poussée sur le sable ; mais je fus assez stupide pour ne pas me mettre dans l'esprit seulement que des hommes s'étaient sauvés du naufrage par ce moyen. La seule chose où je songeais, c'était de demander à mon sauvage une description de la chaloupe en question.

Il s'en acquitta assez bien ; mais il me fit entrer tout-à-fait dans sa pensée, en y ajoutant: « Nous » sauver les blancs hommes de noyer. » Je lui demandai d'abord s'il y avait donc quelques hommes blancs dans cette chaloupe. « Oui, dit-il, la cha- « loupe pleine d'hommes blancs. » Et en comptant par ses doigts, il me fit comprendre qu'il y en avait eu jusqu'à dix-sept, et qu'ils demeuraient chez sa nation.

Ce discours remplit mon cerveau de nouvelles chimères ; je m'imaginais d'abord que c'étaient les gens du vaisseau échoué à la vue de mon île, qui, d'abord que le bâtiment avait donné contre des rochers, et qu'ils s'étaient crus perdus, s'étaient jetés dans la barque, et que par bonheur ils s'étaient sauvés sur les côtes des sauvages. Cette imagination m'excita à demander avec plus d'exactitude ce que ces gens étaient devenus. Il m'assura qu'ils étaient encore là ; qu'ils y avaient demeuré pendant quatre ans, subsistant par les vivres qui leur avaient été fournis par sa nation ; et lorsque je lui demandai pourquoi ils n'avaient pas été mangés, il me répondit : « Ils firent frères avec eux; non manger » hommes que quand la guerre faire battre. » C'est-à-dire que sa nation avait fait la paix avec eux, et qu'elle ne mangeait que les prisonniers de guerre.

Il arriva assez long-tems après, qu'étant au haut d'une colline, du côté de l'est, d'où, comme j'ai dit, on pouvait découvrir dans un tems serein le continent de l'Afrique, après avoir attentivement regardé de ce côté-là, il parut tout extasié : il se mit à sauter et à gambader. Je lui en demandai le sujet, et il commença à crier de toutes ses forces : « O joie ! ô plaisant ! là voir mon pays, là » ma nation. »

Le sentiment de sa joie était répandu sur tout son visage, et je crus lire dans le feu de ses yeux un désir violent de retourner dans sa patrie. Cette découverte me rendit moins tranquille sur son chapitre ; et je ne doutai point que, si jamais il trouvait une occasion d'y venir, il n'oubliât et ce que je lui avais enseigné sur la religion, et toutes les obligations qu'il pouvait m'avoir. Je craignais même qu'il ne fût capable de me découvrir à ses compatriotes, et d'en amener dans l'île quelques centaines, pour les régaler de ma chair, avec la même gaîté qui lui avait été ordinaire autrefois en mangeant quelqu'un de ses ennemis.

Mais je faisais grand tort au pauvre garçon, ce dont je fus fort mortifié après. Cependant, durant quelques semaines que la jalousie me possédait, je fus plus circonspect à son égard, et je lui fis moins de caresses, dans le tems que cet honnête sauvage fondait toute sa conduite sur les plus excellens principes du christianisme, et d'une nature bien dirigée.

On croira facilement que je ne négligeais rien pour pénétrer les desseins dont je le soupçonnais; mais je trouvais dans toutes ses paroles tant de candeur, tant de probité, que mes soupçons devaient nécessairement tomber à la fin faute de nourriture. Il ne s'apercevait pas seulement que mes manières étaient changées à son égard; preuve évidente qu'il ne songeait à rien moins qu'à me tromper.

Un jour, me promenant avec lui sur la colline dont j'ai déjà fait plusieurs fois mention, dans un tems trop chargé pour découvrir le continent, je lui demandais s'il ne souhaitait pas retourner dans son pays, au milieu de sa nation. « Oui, répondit-
» il, moi fort joyeux voir ma nation. » Eh! qu'y feriez-vous? lui dis-je. Voudriez-vous redevenir sauvage, et manger encore de la chair humaine? Il parut chagrin à cette question, et branla la tête. « Non, répliqua-t-il, *Vendredi* leur conter vivre
» bons, prier Dieu, manger pain de blé, chair de
» bêtes, lait; non plus manger hommes. » Mais ils vous mangeront! répartis-je. « Non, dit-il, eux
» non tuer moi, volontiers aimer apprendre. » A quoi il ajouta qu'ils avaient appris beaucoup de choses des hommes barbus qui y étaient venus dans la chaloupe. Je lui demandai alors s'il avait envie d'y retourner; et lorsqu'il m'eut répondu en souriant qu'il ne pouvait pas nager jusque-là, je lui promis de lui faire un *canot*. Il me dit alors qu'il le voulait bien, pourvu que je fusse de la partie; et il m'assura que, bien loin de me manger, ils feraient grand cas de moi, lorsqu'il leur aurait conté que j'avais sauvé sa vie et tué ses ennemis. Pour me tranquilliser là-dessus, il me fit un grand

détail de toutes les bontés qu'ils avaient eues pour les hommes barbus que la tempête avait jetés sur le rivage.

Depuis ce tems-là je pris la résolution de hasarder le passage, dans le dessein de joindre ces étrangers, qui devaient être, selon moi, des Espagnols ou des Portugais, ne doutant point que je ne regagnasse ma patrie, si j'avais une fois le bonheur de me trouver sur le continent avec une si nombreuse compagnie, ce que je ne pouvais plus espérer, si je demeurais dans une île éloignée de la terre-ferme de plus de quarante lieues.

Dans cette vue, je résolus de mettre *Vendredi* au travail, et je le menai de l'autre côté de l'île pour lui montrer ma chaloupe ; et l'ayant tirée de l'eau sous laquelle je la conservais, je la mis à flot ; nous y entrâmes tous deux. Voyant qu'il la maniait avec beaucoup d'adresse et de force, et qu'il la faisait avancer le double de ce que j'étais capable de faire : Eh bien ! lui dis-je, *Vendredi*, nous en irons-nous chez votre nation ? Mais quand je le vis tout stupéfait par la crainte que la barque ne fût trop faible pour ce voyage, je lui fis voir l'autre que j'avais faite autrefois, et qui, étant demeurée à sec pendant vingt-trois ans, était fendue partout et presque entièrement pourrie. Il me fit entendre que ce bâtiment était grand de reste pour passer la mer avec toutes les provisions qui nous étaient nécessaires.

Déterminé à exécuter mon dessein, je lui dis que nous devions aller nous en faire un de cette grandeur-là, pour qu'il pût s'en retourner chez lui. A cette proposition il baissa la tête d'un air fort chagrin, sans répondre un seul mot ; et quand je lui demandai la raison de son silence, il me dit d'un ton lamentable : « Pourquoi vous en colère contre » *Vendredi*, quoi moi faire contre vous ? » Je lui

répondis qu'il se trompait, et que je n'étais point du tout en colère. « Point colère ? répliqua-t-il
» en répétant plusieurs fois les mêmes paroles,
» point colère ? Pourquoi donc envoyer *Vendredi*
» auprès ma nation ? » Quoi ! dis-je, ne m'avez-vous pas dit que vous souhaitiez y être ? « Oui, repartit-
» il, souhaiter tous deux là, non *Vendredi* là et
» point maître là. » En un mot, il ne voulait pas entendre par-là d'entreprendre le passage sans moi.

Après l'avoir questionné sur l'utilité qui reviendrait d'un pareil voyage, il me répondit avec vivacité : « Vous faire grand beaucoup bien, vous en-
» seigner hommes sauvages être bons hommes
» apprivoisés, leur enseigner connaître Dieu, prier
» Dieu, vivre nouvelle vie. » Hélas ! mon enfant, lui dis-je, vous ne savez pas ce que vous dites ; je ne suis moi-même qu'un ignorant. « Oui,
» oui, répliqua-t-il, vous moi enseigner bonnes
» choses, vous enseigner eux bonnes choses
» aussi. »

Nonobstant ces marques de son attachement pour moi, je fis semblant de continuer dans mon dessein de le renvoyer, ce qui le désespéra si fort, que, courant à une des haches qu'il portait d'ordinaire, il me la présenta en me disant : « Vous prendre,
» vous tuer *Vendredi*, non envoyer *Vendredi* chez
» ma nation. » Il prononça ces mots les yeux pleins de larmes, et d'une manière si touchante, que je fus convaincu de sa constante tendresse pour moi, et que je lui promis de ne le renvoyer jamais contre son gré.

Tout ce qui portait mon sauvage au désir de me mener avec lui dans sa patrie, c'était son amour pour ses compatriotes, auxquels il croyait mes instructions utiles. Pour moi, mes vues étaient d'une autre nature : je ne songeais qu'à joindre les hommes barbus, et sans différer davantage, je me mis à choisir un grand arbre pour en faire un grand canot propre pour notre voyage. Il y en avait assez dans l'île ; mais je souhaitais d'en trouver un assez près de la mer, pour pouvoir le lancer sans beaucoup de peine, dès qu'il serait transformé en barque.

Mon sauvage en trouva bientôt un d'un bois qui m'était inconnu, mais qu'il connaissait propre pour notre dessein. Il était d'avis de le creuser en brûlant le dedans ; mais après que je lui eus enseigné la manière de le faire par le moyen de *coins de fer*, il s'y prit fort adroitement, et après un mois d'un rude travail, il perfectionna son ouvrage ; la barque était fort bien tournée, surtout quand, par le moyen de nos haches, nous lui eûmes donné en dehors la véritable tournure d'une chaloupe ; après quoi nous fûmes encore occupés une quinzaine de jours à la mettre à l'eau ; ce que nous fîmes pouce après pouce, par le moyen de quelques rouleaux.

J'étais surpris de voir avec quelle adresse mon sauvage savait la manier et la tourner, quelque grande qu'elle fût. Je lui demandai si elle était assez bonne pour y hasarder le passage, et il m'assura que nous le pouvions, même par un grand vent. J'avais pourtant encore un dessein qui lui était inconnu ; c'était d'y ajouter un mât, une voile, une ancre et un câble. Pour cet effet, je choisis un jeune cèdre fort droit, et j'employai *Vendredi* à l'abattre et à lui donner la figure nécessaire. Pour moi, je fis mon affaire de la voile. Je savais qu'il me restait un bon nombre de morceaux de vieilles voiles ; mais comme je n'avais été guère soigneux de les conserver pendant vingt-six ans, je craignais qu'elles ne fussent absolument pourries. J'en trouvai pourtant deux lambeaux passablement bons : je me mis à y travailler, et après la fatigue d'une couture longue et pénible, faute d'aiguilles, j'en fis enfin une mauvaise voile triangulaire, que nous appelons en Angleterre *une épaule de mouton*, et qu'on emploie d'ordinaire dans les chaloupes de nos vaisseaux: c'était celle dont la manœuvre m'était la plus familière, puisque avec une pareille voile je m'étais échappé autrefois de la Barbarie, comme le lecteur a vu ci-devant.

Je mis près de deux mois à funer et à dresser mon mât et mes voiles, et à mettre la dernière main à tout ce qui était nécessaire à la barque; j'y ajoutai un petit *étai* et une *misaine*, pour aider le bâtiment en cas qu'il fût trop emporté par la marée; et qui, plus est, j'attachai un gouvernail à la poupe, quoique je fusse un assez mauvais charpentier. Comme je savais l'utilité, et même la nécessité de cette pièce, je travaillai avec tant d'application, qu'enfin j'en vins à bout. Mais quand je considère toutes les inventions dont je me servis pour suppléer à ce qui me manquait, je suis persuadé que le gouvernail seul me coûta autant de peine que toute la barque.

Il s'agissait alors d'enseigner la manœuvre à mon sauvage: car, quoiqu'il sût parfaitement comment faire aller un canot à force de rames, il était fort ignorant dans le maniement d'une voile et d'un gouvernail. Il était dans un étonnement inexprimable quand il me voyait tourner et virer ma barque à ma fantaisie, et les voiles changer et s'enfler du côté où je voulais faire cours. Cependant, un peu d'usage lui rendit toutes ces choses familières, et en peu de tems il devint un parfaitement bon matelot, excepté qu'il me fut impossible de lui faire comprendre la boussole. Ce n'était pas un grand malheur, car nous avions rarement un tems couvert, et jamais de brouillards; de manière que la *boussole* nous était assez inutile, puisque pendant la nuit nous pouvions voir les étoiles et découvrir le continent, hormis dans les saisons pluvieuses, dans lesquelles personne ne s'avisait de mettre en mer.

J'étais alors entré dans la vingt-septième année de mon exil dans cette île, quoique je ne puisse guère appeler exil les trois dernières, où j'ai joui de la compagnie de mon fidèle sauvage. Je continuais toujours à célébrer l'anniversaire de mon débarquement dans l'île, avec la même reconnaissance envers Dieu dont j'avais été animé dans le commencement. Il est certain même que, dans ma situation présente, cette reconnaissance devait redoubler par les nouveaux bienfaits dont la Providence me comblait, et surtout par l'espérance prochaine qu'elle me faisait concevoir de ma délivrance. J'étais persuadé que l'année ne se passerait pas sans voir mes vœux accomplis; mais cette persuasion ne me faisant rien négliger de mon économie ordinaire, je remuais la terre comme de coutume, je plantais, je faisais des enclos, je séchais mes raisins; en un mot, j'agissais comme si je devais finir ma vie dans l'île.

La saison pluvieuse étant survenue, j'étais obligé à garder la maison plus qu'en d'autres tems; j'avais déjà pris mes mesures pour mettre notre *bâtiment* en sûreté : je l'avais fait entrer dans la petite baie dont j'ai fait plusieurs fois mention, je l'avais tiré sur le rivage pendant la haute marée, et *Vendredi* lui avait creusé un petit chantier justement assez profond pour pouvoir lui donner autant d'eau qu'il fallait pour le mettre à flot, et pendant la basse marée nous avions pris toutes les précautions nécessaires pour empêcher l'eau de la mer d'entrer malgré nous dans ce chantier. Pour le mettre à l'abri de la pluie, nous le couvrîmes d'un i grand nombre de branches d'arbres, qu'un toit de haume n'est pas plus impénétrable. De cette manière nous attendîmes les mois de novembre et décembre, dans l'un desquels je m'étais déterminé à asarder le passage.

Mon désir d'exécuter mon entreprise s'affermit ar le retour du tems stable, et j'étais continuellement occupé à préparer tout, principalement à ssembler les provisions nécessaires pour le voyage, ant dessein de mettre en mer dans une quinzaine e jours. Un matin, pendant que je travaillais de ette manière, j'ordonnai à *Vendredi* d'aller sur le ord de la mer pour chercher quelques tortues, dont a trouvaille nous était fort agréable, tant à cause es œufs que de la viande. Il n'y avait qu'un moment u'il était sorti, quand je le vis revenir à toutes ambes, et voler par-dessus mon retranchement extérieur, comme si ses pieds ne touchaient pas à erre. Sans me donner le tems de faire des questions, l se mit à crier : « O maître, maître ! ô douleur ! ô mauvais ! » Qu'y a-t-il, *Vendredi* ? lui dis-je. « Oh ! répond-il, là-bas, un, deux, trois canots ; un, deux, trois. » Je conclus de la manière dé s'exprimer qu'il devait y avoir six canots ; mais je trouvai dans la suite qu'il n'y en avait que rois.

J'avais beau tâcher de le rassurer, le pauvre garçon continuait à être dans des transes mortelles, se persuadant que les sauvages étaient venus exprès pour le mettre en pièces, pour le dévorer. Courage, *Vendredi*, lui dis-je ; je suis dans un aussi grand danger que toi ; s'ils nous attrapent, ils n'épargneront pas plus ma chair que la tienne : c'est pourquoi il faut que nous nous hasardions à les combattre. Sais-tu te battre, mon enfant ? « Moi tirer, » répliqua-t-il ; mais venir là plusieurs grand nombre. » Ce n'est pas une affaire, lui dis-je ; nos armes à feu effraieront ceux qu'elles ne tueront pas. Je suis résolu de hasarder ma vie pour toi, pourvu que tu m'en promettes autant et que tu veuilles exactement suivre mes ordres. « Oui, répondit-il, » moi mourir, quand mon maître ordonne mou» rir. »

Là-dessus je lui fis boire un coup de mon rum pour lui fortifier le cœur. Je lui fis prendre mes deux fusils de chasse, que je chargeai de la plus grosse dragée ; je pris encore quatre mousquets, sur chacun desquels je mis deux clous et cinq petites balles ; je chargeai mes pistolets tout aussi bien à proportion ; je mis à mon côté mon grand sabre tout nu, et j'ordonnai à *Vendredi* de prendre s hache.

M'étant préparé de cette manière, je pris une d mes lunettes, et je montai au haut de la colline po découvrir ce qui se passait sur le rivage : j'aperçu bientôt que nos ennemis y étaient au nombre d vingt-un, avec trois prisonniers ; qu'ils étaient venu en trois canots, et qu'ils avaient dessein de faire u festin de triomphe par le moyen de ces trois cor humains.

J'observai encore qu'ils étaient débarqués, no dans l'endroit où *Vendredi* leur était échappé mais bien plus près de ma petite baie, où le ri vage était bas, et où un bois épais s'étendait presqu jusqu'à la mer. Cette découverte m'anima d'un nou veau courage ; et retournant vers mon esclave, j lui dis que j'étais déterminé à les tuer tous, s voulait m'assister avec vigueur. Sa peur étai alors passée, et le *rum* ayant mis ses esprits mouvement, il parut plein de feu, et répéta av un air ferme : « Moi mourir, quand vous ordonn » mourir. »

Pour mettre à profit ce moment de noble fureu je partageai les armes entre nous deux ; je l donnai un pistolet pour mettre à sa ceinture ; je lui mets trois fusils sur l'épaule ; j'en prends autant pour moi : nous nous mettons en marche. Outre mes armes, je m'étais pourvu d'une bouteille de *rum*, et j'avais chargé mon esclave d'un sac plein de poudre et de balles. Le seul ordre qu'il avait à suivre était de marcher sur mes pas, de ne faire aucun mouvement, de ne pas dire un mot sans que je le lui eusse commandé. Dans cette posture, je cherchai à main droite un détour pour venir de l'autre côté de la baie et pour gagner le bois, afin d'avoir les cannibales à la portée du fusil avant qu'ils m'eussent découvert. Je vins aisément à bout de trouver une telle route, par le moyen de mes lunettes d'approche.

Tout en marchant, je ralentis beaucoup, par mes réflexions, l'ardeur qui m'avait porté à cette entreprise : ce n'était pas que le nombre de mes ennemis me fît peur : ils étaient nus, et certainement j'avais lieu de nous croire plus forts qu'eux ; mais les mêmes raisons qui m'avaient donné autrefois de l'horreur pour pareil massacre, faisaient encore de vives impressions sur mon esprit. « Quelle nécessité, » dis-je en moi-même, me porte à tremper mes » mains dans le sang d'un peuple qui n'a jamais eu » la moindre intention de m'offenser ? Leurs cou- » tumes barbares font leur propre malheur, et sont » une preuve que Dieu les a livrés, aussi bien que » tant de nations, à leur stupide brutalité, sans » m'établir juge de leurs actions et exécuteur de sa » justice ; il l'exercera sur eux lui-même quand il le » voudra, et de la manière qu'il le trouvera bon. » C'est une autre affaire par rapport à *Vendredi*, » qui est leur ennemi déclaré et dans un état de » guerre légitime avec eux ; mais il n'y a rien entre » eux et moi. »

Ces pensées me jetèrent dans une grande incertitude, dont je sortis enfin en me déterminant d'approcher seulement du lieu de leur barbare festin, et d'agir selon que le ciel m'inspirerait, à moins que quelque chose ne se présentât à mes yeux comme une vocation particulière.

Dans cette vue, j'entrai par le bois avec toute la précaution et tout le silence possibles, ayant *Vendredi* sur mes talons, et je m'avançai jusqu'à ce qu'il n'y eût qu'une petite pointe du bois entre nous et les sauvages : apercevant alors un arbre fort élevé, j'appelle *Vendredi* tout doucement, et je lui ordonne de percer jusque-là pour découvrir à quoi les sauvages s'occupaient. Il le fit, et vint bientôt me rapporter qu'on les voyait de là distinctement ; qu'ils étaient tous autour de leur feu, se régalant de la chair d'un de leurs prisonniers, qu'à quelques pas de là il y en avait un autre garrotté et étendu sur le sable, qui aurait bientôt le même sort ; que ce dernier n'était pas de la nation, mais un de hommes barbus qui s'étaient sauvés dans son pays avec une chaloupe. Ce rapport, et surtout la particularité du *prisonnier barbu*, ranimèrent toute ma fureur. Je m'avance vers l'arbre moi-même, et j'y vis clairement un homme blanc couché sur le sable, les mains et les pieds garrottés : les habits dont je le vis couvert, ne me laissèrent pas douter que ce ne fût un Européen.

Il y avait un autre arbre entouré d'un petit buisson, environ plus près de leur horrible festin de cinquante verges, où, si je pouvais parvenir sans être aperçu, je vis que je les aurai à demi-portée de fusil. Cette découverte me donna assez de prudence pour maîtriser ma passion pour quelques momens, quoique ma rage fût montée jusqu'au plus haut degré ; et, me glissant derrière quelques broussailles, je parvins à cet endroit où je trouvai une petite élévation d'où je découvris à quatre-vingts verges de moi tout ce qui se passait.

Je vis qu'il n'y avait pas un instant à perdre ; dix-neuf de ces barbares étaient assis à terre, serrés les uns contre les autres, ayant détaché deux bouchers pour leur apporter apparemment le pauvre chrétien, membre à membre. Ils étaient déjà occupés à lui délier les pieds, quand, me tournant vers mon esclave : Allons, *Vendredi*, lui dis-je, suis mes ordres exactement, fais précisément ce que tu me verras faire, sans manquer dans le moindre point : il me le promit, et làdessus, posant à terre un de mes mousquets et un de mes fusils de chasse, je le vis m'imiter avec exactitude. Avec mon autre mousquet, je couchai les sauvages en joue, en lui ordonnant d'en faire autant : *Es-tu prêt?* lui dis-je. Oui, répondit-il, et en même tems nous fîmes feu l'un et l'autre.

Vendredi m'avait tellement surpassé à viser juste, qu'il en tua deux et en blessa trois, au lieu que je n'en blessai que deux, et n'en tuai qu'un seul. On peut juger si les autres étaient dans une terrible consternation ; tous ceux qui n'étaient pas blessés se levèrent précipitamment sans savoir de quel côté tourner leurs pas pour éviter le danger, dont la cause leur était inconnue. *Vendredi* cependant avait toujours les yeux fixés sur moi pour observer et pour imiter mes mouvemens. Après avoir vu l'effet de notre première décharge, je jetai mon mousquet pour prendre le fusil de chasse, et mon esclave en fit de même. Il coucha en joue comme moi. *Es-tu prêt?* lui demandai-je encore ; et dès qu'il m'eut dit que oui : *Feu donc*, lui dis-je, *au nom de Dieu!*

et en même tems nous tirâmes encore parmi la troupe effrayée; et, comme nos armes étaient chargées d'une dragée grosse comme de petites balles de pistolet, il n'en tomba que deux; mais il y en avait tant de blessés, que nous les vîmes courir çà et là couverts de sang, et qu'un moment après il en tomba encore trois à demi-morts.

Ayant jeté alors à terre les armes déchargées, je saisis mon second mousquet : j'ordonnai à *Vendredi* de me suivre, ce qu'il fit avec beaucoup d'intrépidité. Je sortis brusquement du bois avec *Vendredi* sur mes talons, et dès que je fus découvert, je poussai un grand cri, comme il fit de son côté; ensuite je me mis à courir de toutes mes forces, autant que me le permettait le fardeau d'armes que je portais, vers la pauvre victime qui était étendue sur le sable, entre ce lieu du festin et la mer. Les bouchers, qui allaient exercer leur art sur ce pauvre malheureux, l'avaient abandonné au bruit de notre première décharge, et prenant la fuite avec une terrible frayeur du côté de la mer, s'étaient jetés dans un des canots, où ils furent suivis par trois autres. Je criai à *Vendredi* de courir de ce côté-là et de tirer dessus. Il m'entendit d'abord, et s'étant avancé sur eux d'une quarantaine de verges, il fit feu. Je m'imaginai au commencement qu'il les avait tous tués, les voyant tomber les uns sur les autres; mais j'en revis bientôt deux sur pied : il en avait pourtant tué deux et blessé un troisième d'une telle manière, qu'il resta comme mort au fond de la barque.

Pendant que mon sauvage s'attachait ainsi à la destruction de ses ennemis, je tirai mon couteau pour couper les liens du prisonnier, et ayant mis en liberté ses pieds et ses mains, je le mis sur son séant et je lui demandai en portugais qui il était. Il me répondit en latin, *christianus :* mais le voyant si faible, qu'il avait de la peine à se tenir debout et à parler, je lui donnai ma bouteille et lui fis signe de boire. Il le fit et mangea encore un morceau de pain que je lui avais donné pareillement. Après avoir un peu repris ses esprits, il me fit entendre qu'il était Espagnol, et qu'il m'avait toutes les obligations imaginables pour l'important service que je venais de lui rendre : je me servis de tout l'espagnol que je pouvais rassembler, et je lui dis : *Signor*, nous parlerons une autre fois, mais à présent il faut combattre : s'il vous reste quelque force, prenez ce pistolet et cette épée, et faites-en bon usage. Il les prit d'un air reconnaissant. Il semblait que ces armes lui fissent revenir toute sa vigueur. Il tomba dans le moment sur ses ennemis comme une furie, et, dans un tour de main, il en dépêcha deux à coups de sabre. Il est vrai qu'ils ne se défendaient guère. Ces pauvres barbares étaient si effrayés du bruit de nos fusils, qu'ils étaient aussi peu en état de songer à leur conservation, que leur chair avait été capable de résister à nos balles. Je m'en étais bien aperçu lorsque *Vendredi* avait fait feu sur ceux qui étaient dans la barque, dont les uns avaient été terrassés par la peur, tout aussi bien que les autres par les blessures.

Je tenais toujours mon dernier fusil dans la main sans le tirer, pour n'être pas pris au dépourvu. C'était tout ce que j'avais pour me défendre, ayant donné mon pistolet et mon sabre à l'Espagnol. J'ordonnai cependant à *Vendredi* de retourner à l'arbre où nous avions commencé le combat, et d'y chercher nos armes déchargées ; ce qu'il fit avec une grande rapidité. Pendant que je m'étais mis à terre pour les charger de nouveau, je vis un combat très-vigoureux entre l'Espagnol et un des sauvages, qui était allé sur lui avec un de ces sabres de bois qui avaient été destinés à le priver de la vie si je ne l'avais empêché. L'Espagnol qui, bien que faible, était aussi brave et aussi hardi qu'il est possible de l'être, avait déjà combattu l'Indien pendant quelque tems et lui avait fait deux blessures à la tête, quand l'autre, l'ayant saisi par le milieu du corps, le jeta à terre, et fit tous ses efforts pour lui arracher son épée. L'Espagnol ne perdit pas son sang froid dans cette extrémité ; il quitta sagement le sabre, mit la main au pistolet, et tua son ennemi sur-le-champ. *Vendredi*, qui n'était plus à portée de recevoir mes ordres, se voyant en pleine liberté, poursuivit les autres sauvages avec sa hache, de laquelle il dépêcha d'abord trois de ceux qui avaient été jetés à terre par nos décharges, et ensuite tous les autres qu'il put attraper. De l'autre côté, l'Espagnol ayant pris un de mes fusils, se mit à la poursuite de deux autres, qu'il blessa tous deux ; mais comme il n'avait pas la force de courir, ils se sauvèrent dans le bois, où *Vendredi* en tua encore un : pour le second, qui était d'une agilité extrême, il lui échappa, se jeta à corps perdu dans la mer, et gagna à la nage le canot où il y avait trois de ses camarades, dont l'un, comme j'ai déjà dit, était blessé. Ces quatre furent les seuls qui se sauvèrent de nos mains, de toute la troupe, comme il est aisé de voir par la liste suivante :

Trois tués par notre première décharge.	3
Deux tués par la seconde.	2
Deux tués par *Vendredi* dans le canot.	2
Deux tués par le même, de ceux qui avaient été d'abord blessés.	2
Un tué, par le même, dans le bois.	1
Trois tués par l'Espagnol.	3
Quatre tués par *Vendredi*, dans le bois, où leurs blessures les avaient fait tomber çà et là.	4
Quatre sauvés dans le canot, parmi lesquels un blessé.	4
En tout.	21

Ceux qui étaient dans le canot faisaient force de rames pour se mettre hors de la portée du fusil ; et quoique mon esclave leur tirât encore deux ou trois coups, je n'en vis pas un faire mine d'en être touché. Il souhaitait fort que nous prissions un des canots pour leur donner la chasse, ce n'était pas sans raison. Il était fort à craindre, s'ils échappaient, qu'ils ne fissent le récit de leur triste aventure à leurs compatriotes, et qu'ils ne revinssent avec quelques centaines de barques, pour nous accabler par leur nombre. J'y consentis donc ; je me jetai dans un de leurs canots, en commandant à *Vendredi* de me suivre ; mais je fus bien surpris en y voyant un troisième prisonnier garrotté de la même manière que l'avait été l'Espagnol, et presque mort de peur, n'ayant pas su ce dont il s'agissait ; car il était tellement lié, qu'il était incapable de lever la tête, et qu'il lui restait à peine un souffle de vie.

Je me mis d'abord à couper les cordes qui l'incommodaient si fort, je m'efforçai à le lever, mais il n'avait pas la force de se soutenir ou de parler. Il jeta seulement des cris sourds, mais lamentables, craignant sans doute qu'on ne le déliât que pour lui ôter la vie.

Dès que *Vendredi* fut entré dans la barque, je lui dis de l'assurer de sa délivrance, et de lui donner un coup de mon *rum;* ce qui, joint à la bonne nouvelle à laquelle il ne s'attendait pas, le fit revivre, et lui donna assez de force pour se mettre sur son séant.

Dès que *Vendredi* l'eut bien regardé et l'eut entendu parler, c'était une chose à tirer les larmes des yeux à l'homme le plus insensible, de le voir baiser, embrasser ce sauvage; de le voir pleurer, rire, sauter, danser à l'entour; ensuite se tordre les mains, se battre le visage, et puis sauter, danser de nouveau; enfin se comporter comme s'il était hors de sens. Pendant quelques momens il n'avait pas la force de m'expliquer la cause de tant de mouvemens opposés; mais étant un peu revenu à lui, il me dit que ce sauvage était son père.

Il m'est impossible d'exprimer jusqu'à quel degré je fus touché des transports que l'amour filial produisit dans le cœur du pauvre garçon à la vue de son père, délivré des mains de ses bourreaux. Il m'est tout aussi difficile de bien dépeindre toutes les tendres extravagances où ce spectacle le jetait : tantôt il entrait dans le canot, tantôt il en sortait, tantôt il y entrait de nouveau, il s'asseyait auprès de son père, et pour le réchauffer il en tenait la tête serrée contre sa poitrine pendant des demi-heures entières; il lui prenait les mains et les pieds, roidis par la force dont ils avaient été liés, et tâchait de les amollir en les frottant. Voyant quel était son dessein, je lui donnai de mon *rum* pour rendre ce frottement plus ntile, ce qui fit beaucoup de bien au pauvre vieillard.

Cet accident nous fit oublier de poursuivre le canot des sauvages qui était déjà hors de notre vue : ce fut un bonheur pour nous; car deux heures après, lorsqu'ils ne pouvaient pas encore avoir fait le quart du chemin, il s'éleva un vent terrible qui continua pendant toute la nuit; et comme il venait du nord-ouest et qu'il leur était contraire, il ne me parut guère possible alors qu'ils pussent gagner leurs côtes.

Pour *Vendredi*, il était tellement occupé autour de son père, que pendant assez long-tems je n'eus pas le cœur de le tirer de là; mais quand je crus qu'il avait suffisamment satisfait ses transports, je l'appelai : il vint en sautant, en riant et en marquant la joie la plus vive. Je lui demandai s'il avait donné du pain à son père. « Non, dit-il, moi vilain » chien manger tout moi-même. » Là-dessus je lui donnai un de mes gâteaux d'orge que j'avais dans ma poche, et j'y ajoutai un coup de *rum* pour lui-même. Il n'y goûta pas seulement, mais alla porter le tout à son père, avec une poignée de raisins secs que je lui avais donnés encore pour ce bon homme.

Un moment après, je le vis sortir de la barque et se mettre à courir vers mon habitation avec une telle rapidité, que je le perdis de vue dans un instant; car c'était le garçon le plus agile et le plus léger que j'aie vu de mes jours. J'avais beau crier, il n'entendait rien; mais environ un quart d'heure après, je le vis revenir avec moins de vitesse, parce qu'il portait quelque chose.

C'était un pot rempli d'eau fraîche et quelques morceaux de pain, qu'il me donna. Pour l'eau, il la porta à son père, après que j'en eus bu un petit coup pour me désaltérer. Elle ranima entièrement le pauvre vieillard, et lui fit plus de bien que toute la liqueur forte qu'il avait prise; car il mourait de soif.

Quand il eut bu, et que je vis qu'il y avait encore de l'eau de reste, j'ordonnai à *Vendredi* de la porter à l'Espagnol, avec un des gâteaux qu'il m'avait été chercher. Celui-ci était extrêmement faible, et s'était couché sur l'herbe à l'ombre d'un arbre : il se releva pourtant pour manger et pour boire, et je m'en approchai moi-même pour lui donner une poignée de raisins. Il me regarda d'un air tendre et plein de la plus vive reconnaissance; mais il avait si peu de forces, quoiqu'il eût marqué tant de vigueur dans le combat, qu'il ne pouvait se soutenir sur ses jambes; il l'essaya deux ou trois fois, mais en vain; ses pieds enflés prodigieusement à force d'avoir été garrottés, lui causaient trop de douleur. Pour le soulager, j'ordonnai à *Vendredi* de les lui frotter avec du *rum*, comme il avait fait à l'égard de son père.

Quoique mon pauvre sauvage s'acquittât de ce devoir avec affection, il ne pouvait pas s'empêcher, de moment à autre, de tourner ses yeux vers son père, pour voir s'il était toujours dans le même endroit et dans la même posture. Une fois entre autres ne le voyant pas, il se leva avec précipitation et courut de ce côté-là avec tant de vitesse, qu'il était difficile de voir si ses pieds touchaient à terre; mais en entrant dans le canot, il vit qu'il n'y avait rien à craindre, que son père s'était couché seulement pour se reposer. Dès que je le vis de retour, je priai l'Espagnol de souffrir que *Vendredi* l'aidât à se lever, et le conduisît vers la barque, pour le mener de là vers mon habitation, où j'aurais de lui tout le soin possible. Mon sauvage n'attendit pas que l'Espagnol fît le moindre effort; comme il était aussi robuste qu'agile, il le chargea sur ses épaules, le porta jusqu'à la barque, et le fit asseoir sur un des côtés du canot; ensuite il le plaça tout auprès de son père: puis sortant de la barque, il la lança à l'eau, et quoiqu'il fît un grand vent, il la fit suivre le rivage plus vite que je n'étais capable de marcher. Après l'avoir fait entrer dans la baie, il se mit de nouveau à courir pour chercher l'autre canot des sauvages qui nous était resté, et il y arriva avec cette barque aussi vite que j'y étais venu par terre. Il me fit passer la baie, et ensuite il alla aider nos nouveaux compagnons à sortir du canot où ils étaient; mais ils n'étaient ni l'un ni l'autre en état de marcher: de manière que *Vendredi* ne savait comment faire.

Après avoir médité sur les moyens de remédier à cet inconvénient, je priai mon sauvage de s'asseoir et de se reposer; et, pour moi, je me mis à travailler cependant à une espèce de brancard; nous les posâmes tous deux, et les portâmes jusqu'à notre retranchement extérieur: mais nous voilà dans un plus grand embarras qu'auparavant. Je n'avais nulle envie d'abattre ce rempart, et je ne voyais pas comment on pourrait les faire passer par-dessus. Le seul parti qu'il y avait à prendre, c'était de travailler de nouveau, et, avec l'aide de *Vendredi*, je dressai, en moins de deux heures, une jolie petite tente couverte de ramée et de vieilles voiles, entre mon retranchement extérieur et le bocage que j'avais eu soin de planter à quelques pas de là. Dans cette hutte, je leur fis deux lits de quelques bottes de paille, sur chacun desquels je mis une couverture pour les tenir chauds.

Voilà mon île peuplée; je me croyais riche en sujets, et c'était une idée fort avantageuse pour moi de me considérer comme un petit monarque: toute cette île était mon domaine par des titres incontestables. Mes sujets m'étaient parfaitement soumis; j'étais leur législateur et leur seigneur despotique; ils m'étaient tous redevables de la vie, et tous ils étaient près de la risquer pour mon service dès que l'occasion s'en présenterait. Ce qui était le plus remarquable, c'est qu'il y avait dans mes états trois religions différentes : *Vendredi* était protestant, son père était païen et un cannibale; l'Espagnol était catholique romain ; et moi, comme un prince sage et équitable, j'établissais la liberté de conscience dans tout mon royaume. Cela soit dit en passant.

Dès que j'eus logé mes deux nouveaux compagnons, je songeai à rétablir leurs forces par un bon repas. Je commandai à *Vendredi* d'aller prendre, parmi mon troupeau apprivoisé, un chevreau d'un an ; je le mis en petites pièces, je le fis bouillir et étuver, et je vous assure que je leur accommodai un fort bon plat de viande et de bouillon, où j'avais mis de l'orge et du riz. Je portai le tout dans la nouvelle tente, et ayant servi, je me mis à table avec mes nouveaux hôtes, que je régalai et encourageai de mon mieux, me servant de *Vendredi* comme de mon interprète, non-seulement auprès de son père, mais auprès de l'Espagnol, qui parlait fort facilement la langue des sauvages.

Après avoir dîné, ou, pour mieux dire, soupé, j'ordonnai à mon esclave de prendre un des canots, et d'aller chercher nos armes à feu que nous avions laissées sur le champ de bataille ; et le jour après, je lui dis d'enterrer les morts, qui, étant exposés au soleil, nous auraient bientôt incommodés par leur mauvaise odeur, et d'ensevelir en même tems les restes affreux du festin, qui étaient répandus sur le rivage en quantité. J'étais si fort éloigné de le faire moi-même, que je ne pouvais pas y penser sans horreur, et que je n'avais pas pu reconnaître le lieu même, sans la pointe du bois qui s'avançait de ce côté-là.

Je crus qu'il était tems alors d'entrer en conversation avec mes nouveaux sujets. Je commençai par le père de *Vendredi*, à qui je demandai ce qu'il pensait des sauvages qui s'étaient échappés, et si nous devions craindre qu'ils ne revinssent à cette île avec des forces capables de nous accabler. Son sentiment était qu'il n'y avait aucune apparence qu'ils eussent pu résister à la tempête, et qu'ils devaient être tous péris, à moins d'avoir été portés du côté du sud, sur certaines côtes où ils seraient dévorés indubitablement. A l'égard de ce qu'il pourrait arriver, en cas qu'ils eussent été assez heureux pour regagner leur rivage, il me dit qu'il les croyait si fort effrayés par la manière dont ils avaient été attaqués, si étourdis par le bruit de nos armes, qu'ils ne manqueraient pas de raconter à leur peuple que leurs compagnons avaient été tués par la foudre et par le tonnerre, et que les deux ennemis qui leur avaient apparu, étaient sans doute des esprits descendus du ciel pour les détruire. Il était confirmé dans cette opinion, parce qu'il avait entendu dire aux fuyards qu'ils ne pouvaient pas comprendre que des hommes pussent *souffler foudre, et parler tonnerre*, et tuer à une grande distance, sans lever seulement la main.

Ce vieux sauvage avait raison; car j'ai appris ensuite que ceux qui s'étaient sauvés dans le canot étaient revenus chez eux, et avaient donné une telle épouvante à leurs compagnons, qu'ils s'étaient mis dans l'esprit que quiconque approcherait de cette *île enchantée* serait détruit par le feu du ciel : on peut juger s'ils furent assez hardis pour s'y exposer. Mais comme alors ces circonstances m'étaient inconnues, je fus pendant quelque tems dans des appréhensions continuelles, qui m'obligèrent à être sur mes gardes, et à tenir toutes mes troupes sous les armes. Nous étions quatre alors, et je n'aurais pas craint d'affronter une centaine de nos ennemis en rase campagne.

Cependant, ne voyant pas arriver un seul canot sur mon rivage, pendant assez de tems, mes frayeurs s'apaisèrent, et je commençai à délibérer sur mon voyage vers le continent, où le père de *Vendredi* m'assurait que je serais bien reçu par les sauvages, pour l'amour de lui.

L'exécution de mon dessein fut un peu suspendue par un entretien fort sérieux que j'eus avec l'Espagnol. Il m'apprit qu'il avait laissé au continent seize autres chrétiens, tant Espagnols que Portugais, qui, ayant fait naufrage, et s'étant sauvés sur ces côtes, y vivaient, à la vérité, en paix avec les sauvages, mais avaient à peine assez de vivres pour ne pas mourir de faim. Je lui demandai toutes les particularités de leur voyage, et je découvris qu'ils avaient monté un vaisseau espagnol venant de *Rio de la Plata*, pour porter à la *Havane* des peaux et de l'argent, et pour s'y charger de toutes les marchandises européennes qu'ils y pourraient trouver; qu'ils avaient sauvé d'un autre vaisseau cinq matelots portugais; qu'en récompense ils en avaient perdu cinq des leurs, et que les autres, à travers une infinité de dangers, étaient à demi-morts de faim sur le rivage des cannibales, saisis de la crainte d'être dévorés aussitôt qu'on les aurait aperçus.

Il me conta encore qu'ils avaient quelques armes avec eux, mais qu'elles leur étaient absolument inutiles, faute de balles et de poudre, dont ils n'avaient sauvé qu'une très-petite quantité, qu'ils avaient consumée les premiers jours de leur débarquement en allant à la chasse.

« Mais, lui dis-je, que deviendront-ils à la fin? » N'ont-ils jamais formé le dessein de se tirer de là?

Il me répondit qu'ils y avaient pensé plus d'une fois ; mais que n'ayant ni vaisseau, ni instrumens nécessaires pour en construire un, ni aucune provision, toutes leurs délibérations là-dessus avaient été terminées par des larmes et par le désespoir.

Je lui demandai de quelle manière il croyait qu'ils pouvaient recevoir une proposition de ma part, tendante à leur délivrance, et s'il ne jugerait pas qu'elle serait aisée à exécuter, si on pouvait les faire venir tous dans mon île. « Mais, ajoutai-je, je
» vous avoue franchement que je crains fort quelque
» coup de traître de leur façon. La gratitude n'est
» pas une vertu fort familière aux hommes qui,
» d'ordinaire, conforment moins leur conduite aux
» services qu'ils ont reçus qu'aux avantages qu'ils
» peuvent espérer. Ce serait pour moi une chose
» bien dure, continuai-je, si, pour prix d'avoir
» été l'instrument de leur délivrance, ils m'amè-
» naient comme leur prisonnier dans la Nouvelle-
» Espagne, où tout Anglais, par quelque accident
» qu'il y puisse venir, ne doit s'attendre qu'à la
» plus cruelle destinée. Je vous assure que j'aimerais
» mieux être dévoré par les sauvages que de tomber
» entre les mains de l'Inquisition (1). Sans cette diffi-
» culté, ajoutai-je, je croirais mon dessein fort aisé ;
» et s'ils se trouvaient tous ici, on pourrait faci-
» lement construire un bâtiment assez grand pour
» nous mener, ou du côté du sud dans le Brésil,
» ou du côté du nord, dans les îles espagnoles. »

Après avoir écouté mon discours avec attention,

---

(1) *Tribunal établi en certains pays, pour rechercher et punir ceux qui ont des sentimens contraires à la foi catholique.*

il me répondit, avec un air de candeur, que ces gens-là sentaient avec tant de vivacité tout ce qu'il y avait de misérable dans leur situation, qu'il était sûr qu'ils auraient horreur de la pensée seule de maltraiter un homme qui contribuerait à les en délivrer. « Si vous voulez, poursuivit-il, j'irai les
» voir avec le vieux sauvage; je leur communiquerai
» votre intention et je vous apporterai leur réponse.
» Je n'entrerai point en traité avec eux, sans qu'ils
» m'assurent de le garder, par les sermens les plus
» solennels. Je veux stipuler qu'ils vous reconnaî-
» tront pour leur commandant, et je les ferai jurer,
» par les sacremens et par l'Evangile, de vous
» suivre dans quelque pays chrétien que vous trou-
» viez à propos de les mener, et de vous obéir exac-
» tement, jusqu'à ce que nous y soyons arrivés ;
» et je prétends vous apporter sur tout cela un
» contrat formel, signé par toute la troupe. »

Pour me donner plus de confiance en lui, il me proposa de me prêter serment lui-même avant son départ, et il me jura qu'il ne me quitterait jamais sans mes ordres, et qu'il me défendrait jusqu'à la dernière goutte de son sang, si ses compatriotes étaient assez lâches pour manquer à leurs promesses dans le moindre point. Au reste, il m'assura que c'étaient de fort honnêtes gens; qu'ils étaient accablés de toute la misère imaginable; dénués d'armes et d'habits, et n'ayant d'autres vivres que ceux que leur fournissait la pitié des sauvages; qu'ils étaient privés de tout espoir de revenir dans leur patrie, et que si je voulais bien songer à finir leurs malheurs, ils étaient gens à vivre et à mourir avec moi.

Sur ces assurances, je résolus fermement de travailler à leur bonheur, et d'envoyer, pour traiter avec eux, l'Espagnol et le vieux sauvage ; mais quand tout fut prêt pour leur départ, mon Espagnol lui-même me fit une difficulté où je trouvai tant de prudence et tant de sincérité, que je fus très-satisfait de lui, et que je suivis le conseil qu'il me donna de différer cette affaire pour cinq ou six mois.

Il y avait déjà un mois qu'il était avec nous, et je lui avais montré toutes les provisions assemblées par le secours de la Providence. Il comprenait parfaitement bien que ce que j'avais amassé de blé et de riz, quoique suffisant de reste pour moi-même, ne suffirait pas pour ma nouvelle famille, à moins d'une économie exacte, bien loin de pouvoir fournir aux besoins de ses camarades, qui étaient encore au nombre de seize. D'ailleurs il en fallait une bonne quantité pour avitailler le vaisseau que je voulais faire, pour passer dans quelque colonie chrétienne, et son avis était de défricher d'autres champs, d'y semer tout le grain dont je pouvais me passer, et d'attendre une nouvelle moisson avant que de faire venir ses compatriotes « La disette, me dit-il, » pourrait les porter à la révolte, en leur faisant » voir qu'ils ne sont sortis d'un malheur que pour » tomber dans un autre. Vous savez, poursuivit-il, » que les enfans d'Israël, quoique ravis d'abord » d'être délivrés de la servitude d'Égypte, se re- » bellèrent contre Dieu, leur libérateur lui-même, » quand ils manquèrent de pain dans le désert. »

Son conseil me parut si raisonnable, et j'y trouvai tant de preuves de sa fidélité, que j'en fus charmé, et que je me déterminai à le suivre. Nous nous mettions donc tous quatre à remuer la terre, autant que nos instrumens de bois pouvaient nous le permettre ; et, dans l'espace d'un mois, le tems d'ensemencer les terres étant venu, nous en avions défriché assez pour y semer vingt-deux boisseaux d'orge et seize jarres de riz, qui étaient tout le grain que nous pouvions épargner. A peine nous en restat-il pour vivre pendant les six mois qui devaient s'écouler avant la dernière récolte; car le grain est six mois en terre dans ce pays-là.

Etant alors assez forts pour ne rien craindre des sauvages, à moins qu'ils ne vinssent en très-grand nombre, nous nous promenions par toute l'île sans aucune inquiétude, et comme nous avions tous l'esprit plein de notre délivrance, il m'était impossible de ne pas songer aux moyens. Entre autres choses, je marquai plusieurs arbres, qui me paraissaient propres pour mes vues : j'employai *Vendredi* et son père à les couper, et je leur donnai l'Espagnol pour inspecteur. Je leur montrai avec quel travail infatigable j'avais fait des planches d'un arbre fort épais, et je leur ordonnai d'agir de même. Ils me firent une douzaine de bonnes planches de chêne, d'à peu près deux pieds de large, de trente-cinq de long, et épaisses depuis deux pouces jusqu'à quatre. On peut comprendre quelle peine il fallait pour en venir à bout.

Je songeais en même tems à augmenter mon troupeau : tantôt j'allais à la chasse moi-même avec *Vendredi*; tantôt je l'envoyais avec l'Espagnol, et de cette manière nous attrapâmes vingt-deux chevreaux, que nous joignîmes à notre troupeau apprivoisé; car, quand il nous arrivait de tuer une chèvre, nous ne manquions jamais d'en conserver les petits. Outre cela, la saison étant venue de cueillir le raisin, je fis sécher une si grande quantité de grappes, qu'il y en avait de quoi remplir plus de soixante barils. Ce fruit faisait, avec notre pain, une grande partie de nos alimens, et je puis assurer que c'est quelque chose d'extraordinairement nourrissant.

C'était alors le tems de la moisson, et notre grain était en fort bon état, quoique j'aie vu des années plus fertiles dans l'île. La récolte fut pourtant assez bonne pour répondre à nos fins; de vingt-deux boisseaux d'orge que nous avions semés, il nous en vint deux cent vingt, et notre riz s'était multiplié à proportion, ce qui était une provision suffisante pour nous et pour les hôtes que nous attendions, jusqu'à notre moisson prochaine; ou bien, s'il s'agissait de faire le voyage projeté, il y en avait assez pour avitailler notre vaisseau abondamment, de quelque côté de l'Amérique que nous voulussions diriger notre cours.

Après avoir recueilli ainsi nos grains, nous nous mîmes à travailler en osier et à faire quatre grands paniers pour les y conserver. L'Espagnol était extrêmement habile à ces sortes d'ouvrages; et il me blâmait souvent de n'avoir pas employé cet art à faire mes enclos et mes retranchemens. Mais, par bonheur, la chose n'était plus nécessaire alors.

Tous ces préparatifs étant faits, je permis à mon Espagnol de passer en terre-ferme, pour voir s'il y avait quelque chose à faire avec ses compatriotes; et je lui donnai un ordre par écrit de ne pas emmener un seul homme avec lui sans lui avoir fait jurer, devant lui et devant le vieux sauvage, que, bien loin d'attaquer le maître de l'île et de causer le moindre chagrin à un homme qui avait la bonté de songer à sa délivrance, il ne négligerait rien pour le défendre contre toutes sortes d'attentats, et qu'il se soumettrait entièrement à son commandement, de quelque côté qu'il trouvât bon de le mener. J'ordonnai encore à l'Espagnol de m'en rapporter un traité formel par écrit, signé de toute la troupe, sans songer que, selon toutes les apparences, elle n'avait ni papier ni encre.

Muni de ces instructions, il partit avec le vieux sauvage dans le même canot qui avait servi à les conduire dans l'île, pour y être dévorés par les cannibales, leurs ennemis. Je leur donnai chacun un mousquet à rouet (1) et environ huit charges de poudre et de balles, en leur enjoignant d'en être bons ménagers, et de ne les employer que dans les occasions pressantes.

Voilà les premières mesures que je pris pour ma délivrance, après vingt-sept ans et quelques jours de séjour dans cette île. Aussi ne négligeai-je aucune précaution nécessaire pour les rendre justes. Je donnai à mes voyageurs une provision de pain et de grappes sèches pour plusieurs jours, et une autre provision pour huit jours, destinée aux Espagnols. Je convins encore avec eux du signal qu'ils mettraient à leur canot à leur retour, pour pouvoir les reconnaître par-là avant qu'ils abordassent; et là-dessus je leur souhaitai un heureux voyage.

Ils mirent en mer avec un vent frais, pendant la pleine lune. C'était au mois d'octobre, selon mon calcul; car, pour un compte exact des jours, je ne pus jamais m'assurer de l'avoir juste, depuis que je l'eus une fois perdu; je n'étais pas tout-à-fait sûr même d'avoir compté exactement les années, quoique dans la suite je vois que mon calcul s'accordait parfaitement avec la vérité.

J'avais déjà attendu pendant huit jours le retour de mes députés, quand il m'arriva à l'improviste une aventure, qui n'a peut-être pas sa semblable dans aucune histoire. C'était le matin, et j'étais encore profondément endormi, lorsque *Vendredi* approcha de mon lit avec précipitation, en criant: « Maître, maître, ils sont venus, ils sont venus! »

Je me lève, et m'étant habillé, je me mets à tra-

---

(1) *Petite roue d'acier, montée avec une clef, qui, en se débandant, faisait du feu sur une pierre de mine.*

verser mon bois, qui était déjà devenu épais, songeant si peu au moindre danger, que j'étais sans armes, contre ma coutume; mais je fus bien surpris, en tournant mes yeux vers la mer, de voir, à une lieue et demie de distance, une chaloupe avec une voile que nous appelons *épaule de mouton*, faisant cours du côté de mon rivage, et poussée par un vent favorable. Je vis d'abord qu'elle ne venait pas du côté directement opposé à mon rivage, mais du côté du sud de l'île. Là-dessus je dis à *Vendredi* de ne pas se donner le moindre mouvement, puisque ce n'était pas là les gens que nous attendions, et que nous ne pouvions pas savoir encore s'ils étaient amis ou ennemis.

Pour en être mieux éclairci, je fus chercher ma lunette d'approche, et, par le moyen de mon échelle, je montai au haut du rocher, comme j'avais coutume de faire quand j'appréhendais quelque chose, et quand je voulais le découvrir sans être découvert moi-même.

A peine avais-je mis le pied sur le haut de la colline, que je vis clairement un vaisseau à l'ancre, à peu près 2 lieues et demie au sud-ouest de moi, et je crus observer par la structure du bâtiment, que le vaisseau était anglais, aussi bien que la chaloupe.

Je ne saurais exprimer les impressions confuses que cette vue fit sur mon imagination. Quoique ma joie de voir un navire, dont l'équipage devait être sans doute de ma nation, fût extrême, je ne laissais pas de sentir quelques mouvemens secrets, dont j'ignorais la cause, qui m'inspiraient de la circonspection. Je ne pouvais pas concevoir quelles affaires un vaisseau anglais pourrait avoir dans cette partie du monde, puisque ce n'était pas la route vers aucun des pays où ils ont établi leur commerce; de plus, je savais qu'il n'y avait eu aucune tempête capable de les porter de ce côté-là malgré eux ; par conséquent, j'avais lieu de croire qu'ils n'avaient pas de bons desseins, et qu'il valait mieux pour moi demeurer dans ma solitude, que de tomber entre les mains de voleurs et de meurtriers.

Je l'ai déjà dit : qu'aucun homme ne méprise ces avertissemens secrets qui lui seront inspirés quelquefois, quoiqu'il n'en voie pas la vraisemblance. Je crois que peu de gens, capables de réflexion, puissent nier que ces sortes d'avertissemens ne nous soient donnés quelquefois ; je crois encore qu'il est incontestable que ce sont des marques de l'existence d'un monde invisible et du commerce de certains esprits avec nous, qui tend à nous détourner du danger. Il n'y a rien de plus naturel, à mon sens, que d'attribuer ces avertissemens à quelque intelligence qui nous est favorable, soit suprême, soit inférieure, et subordonnée à la divinité.

Le cas dont je vais parler prouve évidemment la vérité de mon opinion ; car si je n'avais pas obéi à ces mouvemens secrets, c'était fait de moi, et ma condition serait devenue infiniment plus malheureuse.

Je ne m'étais pas tenu long-tems dans cette posture, sans que je visse la chaloupe approcher du rivage, comme si elle cherchait une baie pour la commodité du débarquement ; mais ne découvrant pas celle dont j'ai parlé souvent, ils poussèrent leur chaloupe sur le sable, environ à un demi-quart de lieue de moi : j'en étais ravi ; car sans cela ils auraient débarqué précisément devant ma porte, ils m'auraient chassé sans doute de mon château, et auraient pillé tout mon bien.

Lorsqu'ils furent sur le rivage, je vis clairement qu'ils étaient Anglais, hormis un ou deux que je pris pour des Hollandais, mais qui pourtant ne l'étaient pas. Ils étaient onze en tout ; mais il y en avait trois sans armes, et garrottés comme je crus m'en apercevoir. Dès que cinq ou six d'entre eux eurent sauté sur le rivage, ils firent sortir les autres de la chaloupe, comme des prisonniers. Je vis un des trois marquer par des gestes une affliction et un désespoir qui allaient jusqu'à l'extravagance : les deux autres levaient quelquefois les mains vers le ciel, et paraissaient être fort affligés ; mais leur douleur me semblait pourtant plus modérée.

Dans le tems que j'étais dans une grande incertitude, sans concevoir ce que signifiait un pareil spectacle, *Vendredi* s'écria dans son mauvais anglais : « O maître, vous voyez hommes anglais » manger prisonniers aussi bien qu'hommes sauvages : voyez eux les vouloir manger. » « Non, non, » dis-je, *Vendredi*, je crains seulement qu'ils ne les » massacrent ; mais sois sûr qu'ils ne les mangeront » pas. » Je tremblais cependant à l'horreur de cette vue, et à chaque moment je m'attendais à les voir assassiner ; même je vis une fois un de ces scélérats lever déjà un grand sabre pour frapper un de ces malheureux, et je crus que je l'allais voir tomber à terre, ce qui glaça tout mon sang dans mes veines.

Dans ces circonstances, je regrettais extrêmement mon Espagnol et mon vieux sauvage, et je souhaitais fort de pouvoir attraper ces indignes Anglais, sans être découvert, à la portée du fusil, pour délivrer les prisonniers de leurs cruelles mains, car je ne leur vis point d'armes à feu ; mais il plut à la Providence de me faire réussir dans mon dessein d'une autre manière.

Pendant que ces insolens matelots rôdaient par toute l'île, comme s'ils voulaient aller à la découverte du pays, j'observai que les trois prisonniers étaient en liberté d'aller où ils voulaient ; mais ils n'en eurent pas le cœur : ils se mirent à terre d'un air pensif et désespéré.

Leur triste contenance me fit ressouvenir de celle que j'avais eue autrefois en abordant le même rivage, me croyant perdu, tournant mes yeux de tous côtés, rempli de la crainte des bêtes sauvages, et réduit par mes frayeurs à passer une nuit entière sur un arbre.

Comme alors je ne m'étais attendu à rien moins qu'à voir notre vaisseau porté plus près du rivage, par la tempête et par la marée, et de trouver par-là occasion de trouver les moyens de subsister, de même ces malheureux prisonniers n'avaient pas la moindre idée de la délivrance prochaine que le ciel préparait pour eux, dans le tems qu'ils croyaient tout secours impossible.

Combien de fortes raisons n'avons-nous pas dans le monde, de nous reposer avec joie sur la bonté de notre Créateur, puisque nous sommes rarement dans d'assez malheureuses circonstances pour ne pas trouver quelque sujet de consolation, et puisque nous sommes fort souvent portés à notre délivrance par les mêmes moyens qui semblaient nous conduire à notre ruine?

La marée était justement au plus haut quand ces gens étaient venus à terre, et en partie en parlant avec leurs prisonniers, en partie en rôdant par tous les coins de l'île, ils s'étaient amusés jusqu'à ce que la mer s'étant retirée par le reflux, avait laissé leur chaloupe à sec.

Ils y avaient laissé deux hommes qui, à force de boire de l'eau-de-vie, s'étaient endormis. Cependant, l'un s'éveillant plus tôt que l'autre, et trouvant la chaloupe trop enfoncée dans le sable, pour l'en tirer tout seul, il fit approcher les autres par ses cris; mais ils n'eurent pas assez de force tous ensemble pour la tirer de là, parce qu'elle était extrêmement pesante, et que le rivage, de ce côté-là, était mou comme un sable mouvant.

Voyant cette difficulté, comme véritables gens de mer, les plus négligens de tous les hommes peut-être, ils résolurent de n'y plus songer, et ils se remirent à parcourir l'île. J'en entendis un qui, appelant un de ses camarades pour le faire venir à terre : « Hé! Jean, lui cria-t-il, laisse-la en repos, » si tu peux ; la marée prochaine la remettra bien à » flot. » Ce discours me confirma encore dans l'opinion qu'ils étaient mes compatriotes.

Pendant tout ce tems-là je me tins dans l'enceinte de mon château, sans aller plus loin que mon observatoire, et j'étais bien aise d'avoir eu la prudence de fortifier si bien mon habitation. Je savais que la chaloupe ne pouvait pas être à flot avant dix heures du soir, qu'alors il ferait obscur, et que je pourrais en sûreté observer leurs discours.

En attendant, je me préparais pour le combat, mais avec plus de précaution que jamais, persuadé que j'aurais affaire à d'autres ennemis que par le passé. J'ordonnai à *Vendredi* d'en faire de même, et je m'en promettais de grands secours, puisqu'il tirait avec une justesse étonnante ; je lui donnai trois mousquets, et je pris moi-même deux fusils. Ma figure était effroyable ; j'avais sur la tête mon terrible bonnet de peau de chèvre ; à mon côté pendait mon sabre tout nu, et j'avais deux pistolets à ma ceinture, et un fusil sur chaque épaule.

Mon dessein était de ne rien entreprendre avant la nuit ; mais sur les deux heures, au plus chaud du jour, je trouvai que mes drôles étaient allés tous dans les bois, apparemment pour s'y reposer ; et quoique les prisonniers ne fussent pas en état de dormir, je les vis pourtant qui s'étaient couchés à l'ombre d'un grand arbre assez près de moi, et hors de la vue des autres.

Là-dessus je résolus de me découvrir à eux pour être instruit de leur situation ; et dans le moment, je me mis en marche, *Vendredi* me suivant d'assez loin, armé aussi formidablement que moi, mais ne ressemblant pas pourtant à un spectre.

Après que je m'en fus approché sans être découvert, autant qu'il me fut possible, je leur dis, d'un ton élevé, en espagnol : « Qui êtes-vous, mes
» sieurs ? » Ils ne répondirent rien, et je les vis sur le point de s'enfuir, quand je me mis à leur parler anglais. « Messieurs, leur dis-je, n'ayez pas peur ;
» peut-être avez-vous trouvé ici un ami sans vous
» y attendre. — Il nous serait donc envoyé du ciel,
» répondit un d'entre eux d'une manière grave, et le
» chapeau à la main ; car nos malheurs sont au-
» dessus de tout secours humain. — Tout secours
» est au ciel, monsieur, lui dis-je ; mais ne voudriez-
» vous pas enseigner à un étranger le moyen de
» vous secourir ? car vous paraissez accablés d'une
» grande affliction ; je vous ai vu débarquer, et
» quand vous vous êtes entretenus avec les brutaux
» qui vous ont conduits ici, j'en ai vu un tirer le
» sabre et faire mine de vouloir vous tuer. »

Le pauvre homme tremblant, et les yeux pleins de larmes, me repartit d'un air étonné : « Parlé-je
» à un homme, à un Dieu, ou à un ange ? — Tran-
» quillisez-vous là-dessus, monsieur, lui dis-je ; si
» Dieu avait envoyé un ange à votre secours, il
» paraîtrait à vos yeux sous de meilleurs habits et
» avec d'autres armes. Je suis réellement un homme,
» je suis même un Anglais, et tout disposé à vous
» rendre service. Je n'ai avec moi qu'un esclave ;
» nous avons des armes et des munitions ; dites
» librement si nous pouvons vous rendre service,
» et expliquez-moi la nature de vos malheurs. »

« Hélas ! monsieur, dit-il, le récit en est trop
» long, pour vous être fait pendant que nos ennemis
» sont si proches ; il suffira de vous dire que j'ai été
» commandant du vaisseau que vous voyez ; mes

» gens se sont révoltés contre moi, peu s'en faut
» qu'ils ne m'aient massacré; mais, ce qui vaut
» presque tout autant, ils veulent m'abandonner
» dans ce désert avec ces deux hommes, dont l'un
» est mon contre-maître, et l'autre un passager.
» Nous nous sommes attendus à périr ici dans peu
» de jours, croyant l'île inhabitée, et nous ne
» sommes pas encore rassurés là-dessus. »

« Mais, lui dis-je, que sont devenus vos coquins
» de rebelles ? — Les voilà couchés, répondit-il,
» en montrant du doigt une touffe d'arbres fort
» épaisse; je tremble de peur qu'ils nous aient en-
» tendu parler; si cela est, il est certain qu'ils nous
» massacreront tous. »

Je lui demandai là-dessus si les mutins avaient des armes à feu, et j'appris qu'ils n'avaient avec eux que deux fusils, et qu'ils en avaient laissé un dans la chaloupe. « Laissez-moi donc faire, lui répondis-
» je; ils sont tous endormis; rien n'est plus aisé
» que de les tuer, à moins que vous n'aimiez mieux
» les faire prisonniers. » Il me conta alors qu'il y avait parmi eux deux coquins dont il n'y avait rien de bon à espérer, et que, si on mettait ceux-là hors d'état de nuire, il croyait que le reste retournerait facilement à son devoir; il ajouta qu'il ne pouvait pas me les indiquer de si loin, et qu'il était tout prêt à suivre mes ordres en tout. « Eh bien! dis-je,
» commençons par nous tirer d'ici, de peur qu'ils
» ne nous aperçoivent en s'éveillant, et suivez-moi
» vers un lieu où nous pourrons délibérer sur nos
» affaires, à notre aise. »

Après que nous nous fûmes mis à couvert dans le bois : « Ecoutez donc, monsieur, lui dis-je, je veux
» hasarder tout pour votre délivrance, pourvu que
» vous m'accordiez deux conditions. » Il m'inter-rompit pour m'assurer que, si je lui rendais sa liberté et son vaisseau, il emploierait l'un et l'autre

à me témoigner sa reconnaissance, et que, si je ne pouvais lui rendre que la moitié de ce service, il était résolu de vivre et de mourir avec moi dans quelque partie du monde que je voulusse le conduire. Ses deux compagnons me donnèrent les mêmes assurances.

Ecoutez mes conditions, leur dis-je, il n'y en a que deux : « 1°. Pendant que vous serez dans cette
» île avec moi, vous renoncerez à toute sorte d'au-
» torité; et si je vous mets les armes en main, vous
» me les rendrez dès que je le trouverai bon : vous
» serez entièrement soumis à mes ordres, sans
» songer jamais à me causer le moindre préjudice;
» 2°. si nous réussissons à reprendre le vaisseau,
» vous me menerez en Angleterre avec mon esclave,
» sans rien demander pour le passage. »

Il me le promit avec les expressions les plus fortes qu'un cœur reconnaissant pût dicter.

Je leur donnai alors trois mousquets avec des balles et de la poudre, et je demandai au capitaine de quelle manière il jugeait à propos de diriger cette entreprise. Il me témoigna toute la gratitude imaginable, et me dit qu'il se contenterait de suivre exactement mes ordres, et qu'il me laissait avec plaisir toute la conduite de l'affaire. Je lui répondis qu'elle me paraissait assez épineuse; que cependant le meilleur parti était, selon moi, de faire feu sur eux tous en même tems pendant qu'ils étaient couchés, et que si quelqu'un, échappant à notre première décharge, voulait se rendre, nous pourrions lui sauver la vie.

Il me répliqua avec beaucoup de modération, qu'il serait fâché de les tuer, s'il y avait moyen de faire autrement : « Mais pour ces deux scélérats
» incorrigibles dont je vous ai parlé, continua-t-il,
» et qui ont été les auteurs de la révolte, s'ils nous
» échappent, nous sommes perdus ; ils retourneront

» à bord du vaisseau, et ils amèneront tout l'équi-
» page pour nous détruire à coup sûr. »

Cela étant, repartis-je, il faut s'en tenir à mon premier avis ; une nécessité absolue rend l'action légitime. Cependant lui voyant toujours de l'aversion pour le dessein de répandre tant de sang, je lui dis à lui et à ses compagnons de prendre les devants, et d'agir selon que les circonstances les dirigeraient.

Au milieu de cet entretien, nous en vîmes deux se lever et se retirer de là ; je demandai au capitaine si c'étaient les chefs de la rébellion, desquels il m'avait parlé. Il me dit que non. Eh bien donc, lui dis-je, laissons-les échapper, puisque la Providence semble les avoir éveillés exprès pour leur sauver la vie ; pour les autres, s'ils ne sont pas à vous, c'est votre faute.

Animé par ces paroles, il s'avance vers les mutins, un mousquet sur le bras, et un de mes pistolets à la ceinture. Ses deux compagnons le devançant de quelques pas, font d'abord un peu de bruit qui réveille un des matelots. Celui-là se met à crier pour éveiller ses camarades ; mais en même tems ils font feu tous deux ; le capitaine gardant son coup avec beaucoup de prudence, et visant avec toute la justesse possible les chefs des mutins, il en tue un sur la place ; l'autre, quoique dangereusement blessé, se lève avec précipitation, se met à crier au secours ; mais le capitaine le joint, en lui disant qu'il n'était plus tems de demander du secours, et qu'il n'avait qu'à prier Dieu de lui pardonner sa trahison : il l'assomme aussitôt d'un coup de fusil.

Il en restait encore trois, dont l'un était légèrement blessé ; mais me voyant arriver encore, et qu'il leur était impossible de résister, ils demandèrent quartier. Le capitaine y consentit, à condition qu'ils lui marqueraient l'horreur qu'ils devaient avoir de leur crime, en l'aidant fidèlement à recouvrer le vaisseau et à le ramener à la Jamaïque, d'où il venait. Ils lui donnèrent toutes les assurances de leur repentir et de leur bonne volonté qu'il pouvait désirer, et il résolut de leur sauver la vie, ce que je ne désapprouvais pas; je l'obligeai seulement à les garder pieds et mains liés, tant qu'ils seraient dans l'île.

Sur ces entrefaites, j'envoyai *Vendredi* avec le contre-maître vers la chaloupe, avec ordre de la mettre en sûreté, et d'en ôter les rames et les voiles, ce qu'ils firent : en même tems, trois matelots, qui, pour leur bonheur, s'étaient écartés de la troupe, revinrent au bruit des mousquets, et voyant leur capitaine, de leur prisonnier devenu leur vainqueur, ils se soumirent à lui, et consentirent à se laisser garrotter comme les autres.

Voyant alors tous nos ennemis hors de combat, j'eus le tems de faire au capitaine le récit de toutes mes aventures : il l'écouta avec une attention qui allait jusqu'à l'extase, et surtout la manière miraculeuse dont j'avais été fourni de munitions et de vivres. Comme toute mon histoire est un tissu de prodiges, elle fit de fortes impressions sur lui; mais quand de là il commençait à réfléchir sur son propre sort, et considérer que la Providence ne paraissait m'avoir conservé que pour lui sauver la vie, il était si touché, qu'il répandait un ruisseau de larmes, et qu'il était incapable de prononcer une seule parole.

Notre conversation étant finie, je le conduisis avec ses deux compagnons dans mon château; je lui donnai tous les rafraîchissemens que j'étais en état de lui fournir, et je lui montrai toutes les inventions dont je m'étais avisé pendant mon séjour dans l'île.

Tout ce que je disais au capitaine, tout ce que je lui montrais, lui paraissait surprenant : il admirait surtout ma fortification, et la manière dont j'avais caché ma retraite par le moyen du bocage que j'avais planté il y avait déjà vingt ans. Comme les arbres croissent dans ce pays bien plus vite qu'en Angleterre, ce petit bois était devenu d'une épaisseur impénétrable de toutes parts, excepté d'un côté où je m'étais ménagé un petit passage tortueux. Je lui dis que ce qu'il voyait était mon château, le lieu de ma résidence; mais que j'avais encore, à l'exemple des princes, une maison de campagne que je lui montrerais une autre fois; mais qu'à présent il fallait songer aux moyens de nous rendre maîtres du vaisseau. Il en convint; mais il m'avoua qu'il ne voyait pas quelles mesures prendre. Il y a encore, dit-il, vingt-six hommes à bord, qui, sachant que par leur conspiration ils ont mérité de perdre la vie, s'y opiniâtreront par désespoir; car ils sont tous persuadés sans doute, qu'en cas qu'ils se rendent, ils seront pendus, dès qu'ils arriveront en Angleterre ou dans quelque colonie de la nation : le moyen donc de songer à les attaquer avec un nombre si fort inférieur au leur ?

Je ne trouvai ce raisonnement que trop juste, et je vis qu'il n'y avait rien à faire, sinon de tendre quelque piége à l'équipage, et de l'empêcher au moins de débarquer et de nous détruire. J'étais sûr qu'en peu de tems les gens du vaisseau, étonnés du retardement de leurs camarades, mettraient leur autre chaloupe en mer, pour aller voir ce qu'ils étaient devenus; et ׅ‎raignais fort qu'ils ne vinssent armés et en tׅ‎ ׅ‎d nombre pour que nous pussions leur rési

Là-dessus je dׅ‎ ׅ‎aine que la première chose que nous aviׅ‎ ׅ‎aire, c'était de couler la chaloupe à fond, afin qu'ils ne pussent l'emmener; ce qu'il approuva. Nous mettons d'abord la main à l'œuvre ; nous commençons à ôter de la chaloupe tout ce qu'il y avait de reste, c'est-à-dire, une bouteille d'eau-de-vie et une autre pleine de *rum*, quelques biscuits, un cornet rempli de poudre et un pain de sucre d'environ six livres, enveloppé d'une pièce de canevas. Toute cette trouvaille m'était fort agréable, et surtout l'eau-de-vie et le sucre, dont j'avais presque eu le tems d'oublier le goût.

Après avoir porté tout cela à terre, nous fîmes un grand trou au fond de la chaloupe, afin que, s'ils débarquaient en assez grand nombre pour nous être supérieurs, ils ne pussent pas néanmoins faire usage de cette barque et l'emmener.

A dire la vérité, je ne pensais guère sérieusement à recouvrer le vaisseau ; ma seule vue était, en cas qu'ils fissent cours en nous laissant la chaloupe, de la réparer et de la mettre en état de nous mener vers mes amis les Espagnols, dont je n'avais pas perdu l'idée.

Non content d'avoir fait dans la chaloupe un trou assez grand pour n'être pas fort aisément bouché, nous mîmes toutes nos forces à la pousser assez haut sur le rivage, pour que la marée même ne pût pas la mettre à flot. Mais au milieu de cette occupation pénible, nous entendîmes un coup de canon, et nous vîmes en même tems sur le vaisseau le signal ordinaire pour faire venir la chaloupe à bord ; mais ils avaient beau faire des signaux et redoubler leurs coups de canon, la chaloupe n'avait garde d'obéir.

Dans le même instant nous les vîmes, par le moyen de nos lunettes, mettre leur autre chaloupe en mer et aller vers le rivage à force de rames ; et quand ils furent à la portée de notre vue, nous aperçûmes distinctement qu'ils étaient au nombre de dix, et qu'ils avaient des armes à feu. Nous en pûmes distinguer jusqu'aux visages pendant assez long-tems, parce qu'ayant été délivrés par la marée, ils étaient obligés de suivre le rivage pour débarquer dans le même endroit où ils découvraient leur première chaloupe.

De cette manière, le capitaine pouvait les examiner à loisir; il n'y manquait pas, et il me dit qu'il voyait parmi eux trois fort braves garçons, et qu'il était sûr que les autres les avaient entraînés par force dans la conspiration : mais que pour le *bosseman* (1) qui commandait la chaloupe, et pour les autres, c'étaient les plus grands scélérats de tout l'équipage, qui n'auraient garde de se désister de leur entreprise, et qu'il craignait bien qu'ils ne fussent trop forts pour nous.

Je lui répondis, en souriant, que des gens dans notre situation devaient être au-dessus de la peur; que voyant toutes les conditions presque meilleures que la nôtre, nous devions considérer la mort même comme une espèce de délivrance, et qu'une vie comme la mienne, qui avait été sujette à tant de revers, méritait bien que je hasardasse quelque chose pour la rendre plus heureuse. « Qu'est devenue, continuai-je, votre persuasion que la Pro-
» vidence ne m'avait conservé ici que pour vous
» sauver la vie ? Ayez bon courage; je ne vois pour
» nous dans toute cette affaire qu'une seule circons-
» tance embarrassante. » Laquelle donc? me dit-il.
« C'est, répondis-je, qu'il y a parmi cette petite
» troupe trois ou quatre honnêtes gens qu'il faut
» songer à conserver. S'ils étaient tous les plus
» grands coquins de l'équipage, je croirais que la
» Providence les aurait séparés du reste pour les
» livrer entre nos mains; car fiez-vous-en à moi,

---

(1) *Second contre-maître d'un vaisseau; il est chargé du soin des câbles, ancres, bouées, etc.*

» tout ce qui débarquera sera à notre disposition,
» et nous serons les maîtres de leur vie et de leur
» mort. »

Ces paroles, prononcées d'une voix ferme et d'une contenance gaie, lui donnèrent courage, et il se mit à m'aider vigoureusement à faire nos préparatifs. A la première apparence de la chaloupe qui venait à nous, nous avions déjà songé à séparer nos prisonniers et à les mettre en lieu sûr.

Il y en avait deux dont le capitaine était moins assuré que des autres; je les avais fait conduire, par *Vendredi* et par un des compagnons du capitaine, dans ma grotte, d'où ils n'avaient garde de se faire voir ou de se faire entendre, ni de trouver le chemin au travers des bois, quand même ils seraient assez industrieux pour se débarrasser de leurs liens. Je leur avais donné quelques provisions, en les assurant que, s'ils se tenaient en repos, je les remettrais dans quelques jours en pleine liberté; mais que, s'ils faisaient la moindre tentative pour se sauver, il n'y aurait point de quartier pour eux. Ils me promirent de souffrir leur prison patiemment, et ils marquèrent une vive reconnaissance de la bonté que j'avais de leur donner des provisions et de la lumière, car *Vendredi* leur avait donné quelques chandelles: ils s'imaginaient qu'il devait rester en sentinelle devant la grotte.

Nos autres prisonniers étaient plus heureux; à la vérité, nous en avions garrotté deux qui étaient un peu suspects; mais, pour les trois autres, je les avais pris à mon service à la recommandation du capitaine, et sur leur serment solennel de nous être fidèles jusqu'à la mort. De cette manière nous étions sept bien armés, et j'étais persuadé que nous étions en état de venir à bout de nos ennemis, surtout à cause des trois ou quatre honnêtes gens que le capitaine m'assurait avoir découverts parmi eux.

Dès qu'ils furent parvenus à l'endroit où était [l]eur première chaloupe, ils poussèrent sur le sable [c]elle où ils étaient, et la quittant tous en même [t]ems, ils la tirèrent après eux sur le rivage ; ce qui [m]e faisait plaisir : car je craignais qu'ils ne la laissassent à l'ancre à quelque distance, avec quelques-[u]ns d'entre eux pour la garder, et qu'ainsi il nous [f]ût impossible de nous en saisir.

La première chose qu'ils firent, ce fut de courir [ver]s leur autre chaloupe, et nous nous aperçûmes [a]isément de la surprise avec laquelle ils la voyaient [p]ercée par le fond et destituée de tous ses agrès. Un [m]oment après, ils poussèrent tous en même tems [d]eux ou trois grands cris pour se faire entendre de [l]eurs compagnons ; mais voyant que c'était peine [p]erdue, ils se mirent dans un cercle et firent une [d]écharge générale de leurs armes, dont le bruit fit [r]etentir tout le bois : nous étions bien sûrs pourtant [q]ue les prisonniers de la grotte ne l'entendaient pas, [e]t que ceux que nous gardions nous-mêmes n'avaient [p]as le courage d'y répondre.

Ceux de la chaloupe n'entendant pas le moindre [s]igne de vie de la part de leurs compagnons, étaient [d]ans une telle surprise, comme nous l'apprîmes [d]'eux dans la suite, qu'ils prirent la résolution de [r]etourner tous à bord du vaisseau pour y aller ra[c]onter que l'esquif était coulé à fond, et que leurs [c]amarades devaient être massacrés. Aussi les vîmes-[n]ous lancer leur chaloupe en mer, et y entrer tous.

A peine avaient-ils quitté le rivage que nous les [v]îmes revenir, après avoir délibéré apparemment [s]ur quelques nouvelles mesures pour trouver leurs [c]ompagnons, et il en resta trois dans la chaloupe, [e]t les autres entrèrent dans le pays pour aller à la [d]écouverte.

Je considérais le parti qu'ils venaient de prendre [c]omme un grand inconvénient pour nous ; en vain nous rendrions-nous maîtres des sept qui étaient à terre si la chaloupe nous échappait; car en ce cas-là ceux qui y étaient auraient regagné certainement leur navire, qui n'aurait pas manqué de faire voile, ce qui nous aurait ôté tout moyen possible de le recouvrer.

Cependant le mal était sans remède, d'autant plus que nous vîmes la barque s'éloigner du rivage et jeter l'ancre à quelque distance de là. Tout ce qui nous restait à faire, c'était d'attendre l'événement.

Les sept qui étaient débarqués, se tenaient serrés ensemble en marchant du côté de la colline sous laquelle était mon habitation, et nous les pouvions voir clairement sans en être aperçus. Nous souhaitions fort qu'ils approchassent davantage, afin de faire feu sur eux, ou bien qu'ils s'éloignassent pour que nous pussions sortir de notre retraite sans être découverts.

Quand ils furent au haut de la colline, d'où ils pouvaient découvrir une grande partie des bois et des vallées de l'île, surtout du côté du nord-est où le terroir est le plus bas, ils se mirent de nouveau à crier jusqu'à n'en pouvoir plus; et n'osant pas, ce semble, se hasarder à pénétrer dans le pays plus avant, ils s'assirent pour consulter ensemble. S'ils avaient trouvé bon de s'endormir comme avait fait le premier parti que nous avions défait, ils nous auraient rendu service; mais ils étaient trop remplis de frayeur pour le risquer, quoique assurément ils n'eussent aucune idée du danger qu'ils craignaient.

Le capitaine croyant deviner le sujet de leur délibération, et s'imaginant qu'ils allaient faire une seconde décharge pour se faire entendre de leurs camarades, me proposa de tomber sur eux tous à la fois, dès qu'ils auraient tiré, et de les forcer par-là à se rendre, sans que nous fussions obligés de répandre du sang. Je goûtai fort ce conseil, pourvu qu'il fût exécuté avec justesse, et que nous fussions assez près d'eux pour qu'ils n'eussent pas le tems de charger leurs armes.

Mais ce dessein s'évanouit faute d'occasion, et nous fûmes fort long-tems sans savoir quel parti prendre. Enfin je dis à mes gens qu'il n'y avait rien à faire avant la nuit, et que, si alors ils n'étaient pas rembarqués, nous pourrions trouver moyen de nous mettre entre eux et le rivage, et nous servir de quelque stratagème pour entrer avec eux dans la barque et pour les forcer à regagner la terre.

Après avoir attendu long-tems le résultat de leur délibération, nous les vîmes, à notre grand regret, se lever et marcher vers la mer : ils avaient apparemment une idée si affreuse des dangers qui les attendaient dans cet endroit, qu'ils étaient résolus, comptant leurs compagnons perdus sans ressource, de retourner à bord du vaisseau et de poursuivre leur voyage.

Le capitaine voyant qu'ils s'en retournaient tout de bon, en était au désespoir; mais je m'avisai d'un stratagème pour les faire revenir sur leurs pas, dont le succès répondit exactement à mes vues.

J'ordonnai au contre-maître et à *Vendredi* de passer la petite baie du côté de l'ouest, vers l'endroit où j'avais sauvé le dernier de la fureur de ses ennemis : qu'aussitôt qu'ils seraient parvenus à quelque colline, ils se missent à crier de toutes leurs forces; qu'ils restassent là jusqu'à ce qu'ils fussent assurés d'avoir été entendus par les matelots, et qu'ils poussassent un cri nouveau dès que les autres leur auraient répondu : qu'après cela, se tenant toujours hors de la vue de ces gens, ils tournassent en cercle, en continuant de pousser des cris de chaque colline qu'ils rencontreraient, afin de les attirer par-là bien avant dans ces bois, et qu'ensuite ils revinssent à moi par les chemins que je leur indiquais.

Ils mettaient justement le pied dans la chaloupe quand mes gens poussèrent le premier cri. Ils l'entendirent d'abord ; et courant vers le rivage du côté de l'ouest, d'où ils avaient entendu la voix, ils furent arrêtés par la baie, laquelle, les eaux étant hautes, il leur fut impossible de passer ; ce qui les porta à faire venir la chaloupe comme je l'avais prévu.

Quand elle les eut mis de l'autre côté, j'observai qu'on la faisait monter plus haut dans la baie, comme dans une bonne rade, et qu'un des matelots en sortait, n'y laissant que deux autres qui attachèrent la barque au tronc d'un arbre.

C'était justement ce que je souhaitais ; et laissant *Vendredi* et le contre-maître exécuter tranquillement mes ordres, je pris les autres avec moi, et faisant un détour pour venir de l'autre côté de la baie, nous surprîmes ceux de la chaloupe à l'improviste. L'un y était resté, l'autre était couché sur le sable à moitié endormi, et se réveilla en sursaut à notre approche. Le capitaine, qui était le plus avancé, sauta sur lui, lui cassa la tête d'un coup de crosse, et cria ensuite à celui qui était dans l'esquif de se rendre, ou qu'il était mort.

Il ne fallait pas beaucoup de peine pour l'y résoudre : il se voyait arrêté par cinq hommes ; son camarade était assommé, et d'ailleurs c'était un de ceux dont le capitaine m'avait dit du bien : aussi ne se rendit-il pas seulement, mais il s'engagea encore avec nous, et nous servit avec beaucoup de fidélité.

Sur ces entrefaites, *Vendredi* et le contre-maître ménagèrent si bien leurs affaires, qu'en criant et en répondant aux cris des matelots, ils les menèrent de colline en colline jusqu'à les avoir mis sur les dents. Ils ne les laissèrent en repos qu'après les avoir attirés assez avant dans les bois, pour ne pouvoir pas regagner leur chaloupe avant qu'il ne fît tout-à-fait obscur.

Ils étaient bien fatigués eux-mêmes en revenant à moi; il est vrai qu'ils avaient du tems pour se reposer, puisque le plus sûr pour nous était d'attaquer les ennemis pendant l'obscurité.

Ceux-là ne revinrent à leur chaloupe que quelques heures après le retour de *Vendredi*, et nous pouvions entendre distinctement les plus avancés crier aux autres de se presser : à quoi les autres répondaient qu'ils étaient à moitié morts de lassitude : nouvelle fort agréable pour nous.

Il n'est pas possible d'exprimer quel fut leur étonnement quand ils virent la marée écoulée. Nous les entendions crier les uns aux autres, de la manière la plus lamentable, qu'ils étaient dans une île enchantée, et que si elle était habitée par des hommes ils seraient tous massacrés : et si c'était par des esprits, qu'ils seraient enlevés et dévorés.

Ils se mirent à crier de nouveau et à appeler leurs deux camarades par leurs noms : mais point de réponse. Nous les vîmes alors, par le peu de jour qui restait encore, courir çà et là, et se tordre les mains comme des gens désespérés. Tantôt ils entraient dans la chaloupe pour s'y reposer, tantôt ils en sortaient pour courir sur le rivage, et ils continuèrent ce manége sans relâche pendant assez de tems.

Mes gens avaient grande envie de donner dessus tous ensemble ; mais mon dessein était de les prendre à mon avantage, afin d'en tuer le moins qu'il me serait possible, et de ne point hasarder la vie d'un seul d'entre nous. Je résolus donc d'attendre, dans l'espérance qu'ils se sépareraient ; et pour qu'ils ne m'échappassent pas, je fis approcher davantage mon embuscade, et j'ordonnai à *Vendredi* et au capitaine de se traîner à quatre pieds, pour se placer aussi près d'eux qu'il serait possible sans se découvrir.

Ils n'avaient pas été long-tems dans cette posture, quand le *bosseman*, le chef principal de la mutinerie, et qui se montrait plus lâche et plus désespéré qu'aucun autre, tourna ses pas de ce côté-là avec deux autres. Le capitaine était si animé contre ce scélérat, qu'il avait de la peine à se laisser approcher assez pour en être sûr : il se retint pourtant ; mais après s'être donné un peu de patience, il se lève tout d'un coup avec *Vendredi*, et fait feu dessus.

Le *bosseman* fut tué sur la place, un autre fut blessé dans le ventre ; mais il n'en mourut que deux heures après, et le troisième gagna au pied.

Au bruit de ces coups j'avançai brusquement avec toute mon armée, qui consistait en huit hommes ; j'étais moi-même généralissime, *Vendredi* était mon lieutenant-général, et nous avions pour soldats le capitaine avec ses deux compagnons, et les trois prisonniers à qui j'avais confié des armes.

La nuit était fort obscure, de manière qu'il leur fut impossible de savoir notre nombre. C'est pourquoi j'ordonnai à celui que nous avions trouvé dans l'esquif, et qui était alors un de mes soldats, le les appeler par leur nom pour voir s'ils voulaient capituler; ce qui me réussit, comme il est aisé à croire.

Il se mit donc à crier si haut: « Hé! Thomas Smith, Thomas Smith? » Celui-là répondit d'abord: « Est-ce toi, Robinson? car il le reconnut à la voix. — Oui, oui, repartit l'autre; au nom de Dieu, Thomas, mettez bas les armes et rendez-vous : sans cela vous êtes morts tous tant que vous êtes dans le moment. »

« A qui faut-il nous rendre, dit Smith? où sont-ils? — Ils sont ici, répondit Robinson; c'est notre capitaine avec cinquante hommes, qui vous ont cherché déjà pendant deux heures. Le *bosseman* est tué, Guillaume Frie est blessé dangereusement, moi je suis prisonnier de guerre; et si vous ne voulez pas vous rendre, vous êtes tous perdus. »

« Y aura-t-il quartier, répliqua Smith, si nous mettons les armes bas?—Je m'en vais le demander au capitaine, dit Robinson. Le capitaine se mit alors à parler lui-même à Smith. Vous connaissez ma voix, Smith, lui cria-t-il; si vous jetez vos armes, vous aurez tous la vie sauve, excepté *Guillaume Atkins*. — Au nom de Dieu, capitaine, s'écria là-dessus *Atkins*, donnez-moi quartier! Qu'est-ce que j'ai fait plus que les autres? Ils sont tous aussi coupables que moi. »

Il ne disait pas la vérité; car cet *Atkins* avait été le premier à maltraiter le capitaine. Il lui avait lié les mains en lui disant les injures les plus outrageantes.

Aussi le capitaine lui dit qu'il ne lui promettait rien, qu'il devait se rendre à discrétion, et avoir recours à la bonté du gouverneur. C'était moi qu'il désignait par ce beau titre.

En un mot, ils mirent tous les armes bas, demandant la vie, et j'envoyai *Vendredi* et deux autres pour les lier tous; ensuite ma grande armée prétendue de cinquante hommes, qui réellement n'était que de huit, avec le détachement, s'avança et se saisit d'eux et de leur chaloupe. Pour moi je me tins à l'écart avec un seul de mes gens, pour des raisons d'état.

Le capitaine eut le loisir alors de parler avec tous les prisonniers. Il leur reprocha aigrement leur trahison et les autres mauvaises actions dont elle aurait sans doute été suivie, et qui sûrement les aurait entraînés dans les derniers malheurs, et peut-être conduits à la potence.

Ils parurent tous fort repentans, et demandant la vie d'un air très-soumis. Il leur répondit qu'ils n'étaient pas ses prisonniers, mais du gouverneur de l'île. « Vous avez cru, continua-t-il, me reléguer dans une île déserte; mais il a plu à Dieu
» de vous diriger d'une telle manière que cet endroit
» se trouve habité et même gouverné par un
» Anglais. Ce gouverneur est le maître de vous perdre
» tous; mais vous ayant donné quartier, il
» pourrait bien vous envoyer en Angleterre pour être
» livrés entre les mains de la justice, excepté *Atkins*,
» à qui j'ai ordre de dire de sa part de se préparer
» à la mort; car il doit être pendu demain au matin. »

Cette fiction produisit tout l'effet imaginable; *Atkins* se jeta à genoux pour prier le capitaine d'intercéder pour lui auprès du gouverneur; et les autres le conjurèrent, au nom de Dieu, de faire en sorte qu'ils ne fussent pas envoyés en Angleterre.

Comme je m'étais mis dans l'esprit que le tems de ma délivrance allait venir, je me persuadai que tous ces matelots pourraient être portés aisément à s'employer de tout leur cœur à recouvrer le vaisseau. Pour les duper davantage, je m'éloignai d'eux, afin de ne leur pas faire voir quel personnage ils avaient pour gouverneur. J'ordonnai alors qu'on fît venir le capitaine, et là-dessus un de mes gens, qui était à quelque distance de moi, se mit à crier : « Capitaine, le gouverneur veut vous » parler. — Dites à son excellence, répondit d'a-» bord le capitaine, que je m'en vais venir dans » le moment. » Ils donnèrent dans ce panneau à merveille, et ne doutèrent pas un moment que le gouverneur ne fût près de là avec ses cinquante soldats.

Quand le capitaine fut venu, je lui communiquai le dessein que j'avais formé pour nous emparer du vaisseau. Il l'approuva fort, et résolut de le mettre à exécution le lendemain. Pour nous y prendre d'une manière plus sûre, je crus qu'il fallait séparer nos prisonniers, et j'ordonnai au capitaine et à ses deux compagnons de prendre *Atkins* avec deux autres des plus criminels de la troupe, pour les mener dans la grotte où il y en avait déjà deux autres, et qui certainement n'était pas un lieu fort agréable, surtout pour des gens effrayés.

J'envoyai les autres à ma maison de campagne, qui était entourée d'un enclos ; et comme ils étaient garrottés, et que leur sort dépendait de leur conduite, je pouvais être sûr qu'ils ne m'échapperaient pas.

C'est à ceux-là que j'envoyai le lendemain le capitaine, pour tâcher d'approfondir leurs sentimens, pour voir s'il était de la prudence de les employer dans l'exécution de notre projet. Il leur parla et de leur mauvaise conduite, et du triste sort où elle les avait réduits, et leur répéta que, quoique le gouverneur leur eût donné quartier, ils ne laisseraient pas d'être certainement pendus si on les envoyait

en Angleterre. « Cependant, ajouta-t-il, si vous
» voulez me promettre de m'aider fidèlement dans
» une entreprise aussi juste que celle de m'empa-
» rer de mon vaisseau, le gouverneur s'engagera
» formellement à obtenir votre pardon. »

On peut juger quel effet une pareille proposition devait produire sur ces malheureux. Ils se mirent à genoux devant le capitaine, et lui promirent, avec les plus horribles imprécations, qu'ils lui seraient fidèles jusqu'à la dernière goutte de leur sang, qu'ils le suivraient partout où il voudrait les mener, et qu'ils le considéreraient toujours comme leur père, puisqu'ils lui seraient redevables de la vie.

« Eh bien! dit le capitaine, je m'en vais commu-
» niquer vos promesses au gouverneur, et je ferai
» tous mes efforts pour vous le rendre favorable. »
Là-dessus il me vint rapporter leur réponse, et il me dit qu'il ne doutait pas de leur sincérité.

Cependant, afin de ne rien négliger pour notre sûreté, je le priai d'y retourner, et de leur dire qu'il consentait à en choisir cinq d'entre eux pour les employer dans son entreprise; mais que le gouverneur garderait comme otages les deux autres, avec les trois prisonniers qu'il avait dans son château, et qu'il ferait pendre, sur le bord de la mer, ces cinq otages, si les autres étaient assez perfides pour manquer à la foi de leurs sermens.

Il y avait là-dedans un air de sévérité qui faisait voir que le gouverneur ne badinait pas. Les cinq dont j'avais parlé acceptèrent le parti avec joie, et c'était autant l'affaire des otages que du capitaine de les exhorter à faire leur devoir.

L'état des forces que nous avions était alors tel :
1°. Le capitaine, son contre-maître et son passager.
2°. Deux prisonniers faits dans la première rencontre, auxquels, à la recommandation du capitaine, j'avais donné la liberté et mis les armes à la

main. 3º. Les deux que j'avais tenus jusqu'alors garrottés dans ma maison de campagne, mais que je venais de relâcher à la prière du capitaine. 4º. Les cinq que j'avais mis en liberté les derniers. Selon ce calcul, ils étaient douze en tout, outre les cinq otages.

C'était là tout ce que le capitaine pouvait employer pour se rendre maître du vaisseau; car pour *Vendredi* et moi, nous ne pouvions pas abandonner l'île où nous avions sept prisonniers que nous devions tenir séparés, et pourvoir de vivres.

Pour les cinq otages qui étaient dans la grotte, je trouvai bon de les tenir garrottés; mais *Vendredi* avait ordre de leur apporter à manger deux fois par jour. Quant aux deux autres, je m'en servis pour porter les provisions à une certaine distance, où *Vendredi* devait les recevoir d'eux.

La première fois que je m'étais montré à ces derniers, c'était en présence du capitaine, qui leur dit que j'étais l'homme que le gouverneur avait destiné pour avoir l'œil sur leur conduite, avec ordre de n'aller nulle part sans ma permission, sous peine d'être menés dans le château et mis aux fers.

Comme ils ne me connaissaient point en qualité de gouverneur, je pouvais jouer un autre personnage devant eux, ce que je fis à merveille, en parlant toujours avec beaucoup d'ostentation du château, du gouverneur et de la garnison.

La seule chose qui restait encore à faire au capitaine, pour se mettre en état d'exécuter son dessein, c'était de *gréer* les deux chaloupes et de les *équiper*. Dans l'une il mit son passager pour capitaine avec quatre autres hommes. Il monta lui-même dans l'autre avec son contre-maître et cinq autres, et il ménagea son entreprise dans la perfection.

Il était environ minuit quand il découvrit le vaisseau; et dès qu'il le vit à la portée de la voix, il ordonna à *Robinson* de crier, et de dire à l'équipage qu'ils amenaient la première chaloupe avec les matelots, mais qu'ils avaient été long-tems avant que de les trouver. *Robinson* amusa les mutins de ses discours et d'autres semblables, jusqu'à ce que l'esquif fût sous le navire. Le capitaine et le contre-maître y montèrent les premiers avec leurs armes ; ils assommèrent d'abord à coups de crosse le second contre-maître et le charpentier, et fidèlement secondés par les autres, ils se rendirent maîtres de tout ce qu'ils trouvèrent sur les ponts. Ils étaient déjà occupés à fermer les écoutilles, afin d'empêcher ceux d'en bas de venir au secours de leurs camarades, lorsque les gens de la seconde chaloupe montèrent du côté de la proue, nettoyèrent tout le château d'avant, et s'emparèrent de l'écoutille qui menait à la chambre du cuisinier, où ils firent prisonniers trois des mutins.

Étant ainsi maîtres de tout le tillac, le capitaine commanda au contre-maître de prendre trois hommes avec lui, et de forcer la chambre où était le nouveau commandant. Celui-là ayant pris l'alarme, s'était levé, et, assisté de deux matelots et d'une massue, s'était saisi d'armes à feu. Dès que le contre-maître eut ouvert la porte par le moyen d'un levier, ces quatre mutins firent courageusement feu sur lui et ses compagnons sans en tuer un seul ; mais ils en blessèrent deux légèrement, et cassèrent le bras au contre-maître lui-même, qui ne laissa pas, tout blessé qu'il était, de casser la tête au nouveau capitaine d'un coup de pistolet. La balle lui entra dans la bouche et sortit derrière l'oreille ; et ses compagnons le voyant roide mort, prirent le parti de se rendre. Le combat finit par-là, et le capitaine recouvra son vaisseau sans être obligé de répandre plus de sang.

Il m'instruisit d'abord du succès de son entreprise, en faisant tirer sept coups de canon, ce qui était le signal dont nous étions convenus ensemble. On peut juger si j'étais charmé de les entendre, puisque je m'étais tenu sur le rivage depuis le départ des chaloupes jusqu'à deux heures après minuit.

Dès que je fus sûr de cette heureuse nouvelle, je me mis sur mon lit, et ayant extrèmement fatigué le jour précédent, je dormis profondément, jusqu'à ce que je fus réveillé par un coup de canon. A peine me fus-je levé pour en apprendre la cause, que je m'entendis appeler par mon nom de *gouverneur;* je reconnus d'abord la voix du capitaine, et dès que je fus monté au haut du rocher, où il m'attendait, il me serra dans ses bras de la manière la plus tendre; et tendant la main vers le vaisseau : « Mon cher » ami, me dit-il, mon cher libérateur, voilà votre » vaisseau; il vous appartient aussi bien que nous, » et tout ce que nous possédons. »

Là-dessus je tournai les yeux vers la mer, et je vis effectivement le vaisseau qui était à l'ancre, à un petit quart de lieu du rivage; car le capitaine avait fait voile dès qu'il eut exécuté son entreprise; et comme le tems était beau, il avait fait avancer le navire jusqu'à l'embouchure de ma petite baie; et la marée étant haute alors, il était venu avec sa *pinace* (1), pour ainsi dire, jusqu'à ma porte.

Je considérais alors ma délivrance comme sûre; les moyens en étaient aisés : un bon vaisseau m'attendait pour me conduire où je le trouverais bon. Mais j'étais si saisi de la joie que me donnait un bonheur si inespéré, que je fus long-tems hors d'état de prononcer une parole, et que je serais tombé à terre, si les embrassemens du capitaine ne m'avaient soutenu.

---

(1) *Petit bâtiment.*

Me voyant prêt à tomber en faiblesse, il me fit prendre un verre d'une liqueur cordiale qu'il avait exprès apportée pour moi. Après avoir bu, je me mis à terre; je revins à moi peu à peu, mais je fus encore assez long-tems avant que de pouvoir lui parler.

Le pauvre homme n'était pas moins ravi de joie que moi, quoiqu'il n'en sentît pas même les effets; il me dit, pour me tranquilliser, une infinité de choses tendres et obligeantes, qui firent enfin cesser mon extase par un ruisseau de larmes, et, peu après, je repris l'usage de la parole.

Je l'embrassai alors à mon tour comme mon libérateur, en lui disant que je le regardais comme un homme envoyé du ciel à mon secours, et que je trouvais dans tout le cours de notre aventure un enchaînement de merveilles qui me paraissait une preuve évidente que l'univers est gouverné par une Providence, qui fait trouver, dans les coins les plus reculés du monde, des ressources inespérées au malheureux qu'elle veut honorer des marques de sa bonté infinie.

On peut bien croire que je n'oubliais pas aussi d'élever mon cœur reconnaissant vers le ciel: j'aurais dû être la dureté même, si je n'avais pas béni le nom de Dieu, qui, non-seulement, avait pourvu si long-tems à ma subsistance d'une manière miraculeuse, mais qui voulait bien me tirer de ce triste désert d'une manière plus miraculeuse encore.

Après ces protestations mutuelles, le capitaine me dit qu'il m'avait apporté quelques rafraîchissemens tels qu'un vaisseau en pouvait fournir, et un vaisseau qui venait encore d'être pillé par les mutins. Là-dessus il s'écria aux gens de la chaloupe de mettre à terre les présens destinés pour le gouverneur; et, en vérité, c'était un vrai présent pour un gouverneur, et pour un gouverneur qui devait rester

Je l'embrassai à mon tour, comme mon Sauveur.

dans l'île, et non pas qui fût prêt à s'embarquer, comme c'était ma résolution.

Ce présent consistait dans un petit cabaret rempli de quelques bouteilles d'eau cordiale; en six bouteilles de vin de Madère, contenant chacune deux bonnes pintes; deux livres d'excellent tabac, deux grandes pièces de bœuf, six pièces de cochon, un sac de pois, et environ cent livres de biscuit. Il y avait ajouté une boîte pleine de sucre et une autre remplie de fleur de muscade, deux bouteilles de jus de limon, et un grand nombre d'autres choses utiles et agréables. Mais ce qui me fit infiniment plus de plaisir, c'étaient six chemises toutes neuves, autant de cravates fort bonnes, deux paires de gants, une paire de souliers, une paire de bas, un chapeau, et un habit complet tiré de sa propre garde-robe, mais qu'il n'avait guère porté. En un mot, il m'apporta tout ce qu'il me fallait pour m'équiper depuis les pieds jusqu'à la tête. On s'imaginera sans peine quel air je devais avoir dans ces habits, et quelle incommodité ils me causaient la première fois que je les mis, après m'en être passé pendant un si grand nombre d'années.

Je fis porter tous ces présens dans ma demeure, et je me mis à délibérer avec le capitaine sur ce que nous devions faire avec nos prisonniers; la chose en valait la peine, surtout à l'égard des deux chefs des mutins, dont nous connaissions la méchanceté opiniâtre et incorrigible. Le capitaine m'assurait que les bienfaits étaient aussi peu capables de les réduire que les punitions, et que s'il s'en chargeait, ce ne serait que pour les conduire, les fers aux pieds, en Angleterre, ou à la première colonie anglaise, afin de les mettre entre les mains de la justice.

Comme je voyais le capitaine assez humain pour ne prendre ce parti qu'à regret, je lui dis que je savais un moyen de porter ces deux scélérats à lui demander, comme une grâce, la permission de demeurer dans l'île, et il y consentit de tout son cœur.

J'envoyai là-dessus *Vendredi* et deux des otages (que je venais de mettre en liberté, parce que leurs compagnons avaient fait leur devoir); je les envoyai, dis-je, à la grotte pour amener les cinq matelots garrottés à ma maison de campagne, et pour les y garder jusqu'à mon arrivée.

J'y vins quelque tems après, paré de mon habit neuf, en compagnie du capitaine, et c'est alor qu'on me traita de gouverneur ouvertement. Je m fis d'abord amener les prisonniers, et je leur di que j'étais parfaitement instruit de leur conspiration contre le capitaine, et des mesures qu'ils avaient prises ensemble pour commettre des pirateries avec le vaisseau dont ils s'étaient emparés; mais que, par bonheur, ils étaient tombés eux-mêmes dans le puits qu'ils avaient creusé pour les autres, puisque le vaisseau venait d'être recouvré par ma direction; et qu'ils verraient, dans le moment, leur nouveau capitaine, pour prix de sa trahison, pendu à la grande vergue; que, quant à eux, je voudrais bien savoir quelles raisons ils avaient à m'alléguer assez fortes pour m'empêcher de les punir, comme j'étais en droit de le faire, en qualité de pirates pris sur le fait.

Un d'eux me répondit qu'ils n'avaient rien à dire en leur faveur, sinon que le capitaine, en les prenant, leur avait promis la vie, et qu'ils demandaient grâce. Je leur repartis que je ne savais pas trop bien quelle grâce j'étais en état de leur faire, puisque j'allais quitter l'île et m'embarquer pour l'Angleterre; et qu'à l'égard du capitaine, il ne pouvait les emmener que garrottés, et dans le dessoin de les livrer à la justice comme mutins et comme pirates, ce qui les conduirait tout droit à la potence, qu'ainsi je ne trouvais de meilleur parti pour eux que de rester dans l'île, que j'avais permission d'abandonner avec tous mes gens, et que j'étais assez porté à leur pardonner, s'ils voulaient se contenter du sort qu'ils pouvaient s'y ménager.

Ils parurent recevoir ma proposition avec reconnaissance, en me disant qu'ils préféraient infiniment ce séjour à la destinée qui les attendait en Angleterre; mais le capitaine fit semblant de ne la point approuver, et de n'oser pas y consentir; sur quoi j'affectai de lui dire, d'un air fâché, qu'ils étaient mes prisonniers, et non pas les siens; que leur ayant offert la grâce, je n'étais pas un homme à leur manquer de parole, et que s'il y trouvait à redire, je les remettrais en liberté comme je les avais trouvés, permis à lui de courir après eux et de les attraper s'il pouvait.

Je le fis comme je l'avais dit, et leur ayant fait ôter les liens, je leur dis de gagner les bois, et je leur promis de leur laisser des armes à feu, des munitions, et les instructions nécessaires pour vivre à leur aise s'ils voulaient les suivre. Ensuite je communiquai au capitaine mon dessein de rester encore cette nuit dans l'île pour préparer tout pour mon voyage, et je le priai de retourner cependant au vaisseau pour y tenir tout en ordre, et d'envoyer le lendemain sa chaloupe. Je l'avertis aussi de ne pas manquer de faire pendre à la vergue le nouveau capitaine qui avait été tué, afin que mes prisonniers l'y pussent voir.

Dès que le capitaine fut parti, je les fis venir à mon habitation, et j'entrai dans une conversation très-sérieuse touchant leur situation. Je les louai du choix qu'ils avaient fait, puisque le capitaine, s'il les avait fait conduire à bord du vaisseau, les aurait fait pendre certainement, aussi bien que le nouveau capitaine que je leur montrai attaché à la grande vergue.

Quand je les vis déterminés à rester dans l'île, je leur donnai tout le détail de cet endroit, et la manière de faire du pain, d'ensemencer mes terres, et de sécher mes raisins; en un mot, je les instruisis de tout ce qui pouvait rendre leur vie agréable et commode. Je leur parlai encore de seize Espagnols qu'ils avaient à attendre; je leur laissai une lettre pour eux, et je leur fis promettre de vivre avec eux en bonne amitié.

Je leur laissai mes armes; savoir: mes mousquets, trois fusils de chasse et trois sabres; j'avais encore, outre cela, un baril et demi de poudre, car j'en avais consumé fort peu. Je leur enseignai aussi ma manière d'élever mes chèvres, de les traire, de les engraisser, et de faire du beurre et du fromage. De plus, je leur promis de faire en sorte que le capitaine leur laissât une plus grande provision de poudre, et quelques graines pour les jardins potagers, dont j'aurais été ravi d'être fourni moi-même quand j'étais dans leur cas. Je leur fis encore présent d'un sac plein de pois, que le capitaine m'avait donné, et je les informai jusqu'à quel point ils se multiplieraient s'ils avaient soin de les semer.

Le jour après je les laissai là : je m'embarquai; mais nous ne pûmes pas faire voile ce jour-là ni la nuit suivante. Il était environ cinq heures du matin quand nous vîmes deux de ceux que j'avais laissés venant à la nage, et priant au nom de Dieu qu'on les laissât entrer dans le vaisseau, quand ils devraient être pendus un quart d'heure après, puisque certainement les trois autres scélérats les massacreraient s'ils restaient parmi eux.

Le capitaine fit quelque difficulté de les recevoir, sous prétexte qu'il n'en avait pas le pouvoir sans moi ; mais il se laissa gagner à la fin par les promesses qu'ils lui firent de se bien conduire ; et effectivement, après avoir été fouettés d'importance, ils revinrent de fort braves garçons.

Quelque tems après, la chaloupe fut envoyée à terre avec les provisions que le capitaine avait promises aux *exilés*, auxquelles il avait fait ajouter, en ma faveur, leurs coffres et leurs habits, qu'ils reçurent avec beaucoup de gratitude. Je leur promis encore que si je pouvais leur envoyer un vaisseau pour les prendre, je ne les oublierais pas.

En prenant congé de l'île, je pris avec moi, pour m'en souvenir, mon grand bonnet de peau de chèvre, mon parasol et mon perroquet : je n'oubliai pas non plus l'argent dont j'ai fait mention, et qui était resté inutile pendant si long-tems, qu'il était tout rouillé, sans pouvoir être reconnu pour ce que c'était avant d'avoir été manié et frotté : je n'y laissai pas non plus la petite somme d'argent que j'avais tirée du vaisseau espagnol qui avait fait naufrage.

C'est ainsi que j'abandonnai l'île, le 19 décembre de l'an 1686, selon le calcul du vaisseau, après y avoir demeuré vingt-huit ans deux mois et dix-neuf jours, étant délivré de cette triste vie, le même jour que je m'étais échappé autrefois, dans une barque longue, des Maures de Salé. Mon voyage fut heureux ; j'arrivai en Angleterre le onzième de juin de l'an 1687, ayant été hors de ma patrie trente-cinq ans.

Quand j'y arrivai, je m'y trouvai aussi étranger que si jamais je n'y avais mis les pieds. Ma fidèle gouvernante, à qui j'avais confié mon petit trésor, était encore en vie ; mais elle avait eu de grands malheurs dans le monde, et était devenue veuve pour la seconde fois. Je la soulageai beaucoup par rapport à l'inquiétude qu'elle avait sur ce dont elle m'était redevable; et non-seulement je lui protestai que je ne l'inquiéterais pas là-dessus, mais encore, pour la récompenser de sa fidélité dans l'administration de mes affaires, je lui fis autant de bien que ma situation pouvait me le permettre, en lui donnant ma parole que je n'oublierais pas ses bontés passées; aussi lui en ai-je marqué mon souvenir, quand j'en ai eu le moyen, comme on verra ci-après.

Je m'en fus ensuite dans la province d'Yorck; mais mon père et ma mère étaient morts, et toute ma famille éteinte, excepté deux sœurs et deux enfans d'un de mes frères; et comme depuis longtems je passais pour mort, on m'avait oublié dans le partage des biens, de manière que je n'avais d'autres ressources que mon petit trésor, qui ne suffisait pas pour me procurer un établissement.

A la vérité, je reçus un bienfait auquel je ne m'attendais pas. Le capitaine, que j'avais si heureusement sauvé avec son vaisseau et sa cargaison, ayant donné aux propriétaires une information favorable de ma conduite à cet égard, ils me firent venir, m'honorèrent d'un compliment fort gracieux et d'un présent d'à-peu-près deux cents livres sterling.

Cependant, en faisant réflexion sur les différentes circonstances de ma vie, et sur le peu de moyens que j'avais de m'établir dans le monde, je résolus de m'en aller à Lisbonne, pour voir si je ne pourrais pas m'y informer au juste de l'état de ma plantation dans le Brésil, et de ce que pouvait être devenu mon associé, qui, sans doute, devait me mettre au nombre des morts.

Dans cette vue, je m'embarquai pour Lisbonne, et j'y arrivai au mois de septembre suivant avec mon valet *Vendredi*, qui m'accompagnait dans toutes mes courses, et qui me donnait de plus en plus des marques de sa fidélité et de sa probité.

Arrivé dans cette ville, je trouvai, après plusieurs perquisitions, à mon grand contentement, mon vieux capitaine, qui m'avait fait entrer dans son vaisseau au milieu de la mer, quand je me sauvais des côtes de Barbarie.

Il était fort vieilli, et avait abandonné la mer, ayant mis à sa place son fils, qui, dès sa première jeunesse, l'avait accompagné dans ses voyages, et qui continuait pour lui son négoce du Brésil. Je le reconnus à peine, et c'en était de même à mon égard ; mais en lui disant qui j'étais, je lui retraçai bientôt mon idée, et je me remis aussi bientôt la sienne.

Après avoir renouvelé la vieille connaissance, on peut croire que je m'informai de ma plantation et de mon *associé*. Le bon homme me dit là-dessus, que depuis neuf ans il n'avait pas été dans le Brésil, mais qu'il pouvait m'assurer que, quand il y avait été la dernière fois, mon associé était encore en vie ; mais que mes facteurs, que j'avais joints à lui dans l'administration de mes affaires, étaient morts tous deux ; qu'il croyait pourtant que je pourrais avoir une information fort juste de mes affaires, puisque la nouvelle de ma mort s'étant répandue partout, mes facteurs avaient été obligés de donner le compte des revenus de ma portion au procureur fiscal, qui se l'était appropriée, en cas que je ne revinsse jamais pour la réclamer ; en ayant assigné un tiers au roi et deux tiers au monastère de Saint-Augustin, pour être employés au soulagement des pauvres et à la conversion des Indiens à la foi catholique ; que cependant si moi ou quelqu'un de ma part réclamait mon bien, il devait être remis à son propriétaire, excepté seulement les revenus qui seraient réellement employés pour des usages charitables.

Il m'assura en même tems que l'intendant des revenus du roi, par rapport aux biens immeubles, et

14.

celui du monastère, avaient eu grand soin de tirer de mon associé, tous les ans, un compte fidèle du revenu total, dont il recevait toujours la juste moitié.

Je lui demandai s'il croyait que ma plantation s'était accrue assez pour valoir la peine d'y jeter les yeux, et si je ne trouverais point de difficulté pour me remettre en possession de la juste moitié.

Il me répondit qu'il ne pouvait pas me dire exactement jusqu'à quel point ma plantation s'était augmentée; ce qu'il savait, c'est que mon associé était devenu extrêmement riche en jouissant de sa moitié, et que le tiers de ma portion, qui avait été au roi, et ensuite donné à quelque monastère, allait au-delà de deux cents *moidores*; qu'au reste il n'y avait point de doute qu'on me remît en possession de mon bien, puisque mon associé, vivant encore, pouvait être témoin de mes droits, et que mon nom était placé dans le catalogue de ceux qui avaient des plantations dans ce pays. Il m'assurait de plus que les successeurs de mes facteurs étaient de fort honnêtes gens et fort à leur aise, qui, non-seulement, pouvaient m'aider à entrer dans la possession de mes terres, mais qui devaient encore avoir en main pour mon compte une bonne somme, qui était le revenu de ma plantation pendant que leurs pères en avaient eu soin, et avant que, faute de ma présence, le roi et le monastère, dont j'ai parlé, se fussent approprié le susdit tiers; ce qui était arrivé il y avait environ douze ans.

A ce récit, je parus un peu mortifié, et je demandai à mon vieil ami comment il était possible que mes facteurs eussent ainsi disposé de mes effets, dans le tems qu'ils savaient que j'avais fait un testament en faveur de lui, c'est-à-dire du vieux capitaine portugais, comme mon héritier universel.

Il me dit que tout cela était arrivé; mais que n'ayant point de preuve de ma mort, il n'avait pas été en état d'agir en qualité d'exécuteur testamentaire, et d'ailleurs il n'avait pas trouvé à propos de se mêler d'une affaire si embarrassée; que cependant il avait fait enregistrer ce testament, et qu'il s'en était mis en possession; que s'il avait pu donner quelque assurance de ma vie ou de ma mort, il aurait agi pour moi, comme par procuration, et se serait emparé de l'*ingenio*, c'est-à-dire de l'endroit où l'on prépare le sucre, et que même il avait donné ordre à son fils de le faire en son nom.

Mais, dit le bon vieillard, j'ai une autre nouvelle à vous donner, qui ne vous sera peut-être pas si désagréable; c'est que tout le monde vous croyant mort, votre associé et vos facteurs m'ont offert de s'accommoder avec moi, par rapport au revenu des sept ou huit premières années, lequel j'ai effectivement reçu. Mais, continua-t-il, ces revenus n'ont pas été grand'chose alors, à cause des grands déboursemens qu'il a fallu faire pour augmenter la plantation, pour bâtir un *ingenio* et pour acheter des esclaves. Cependant je vous donnerai un compte fidèle de tout ce que j'ai reçu, et de la disposition que j'en ai faite.

Après avoir conféré encore pendant quelques jours avec mon vieil ami, il me donna le compte des six premières années de mes revenus, signé par mon associé et par mes deux facteurs. Le tout lui avait été délivré en marchandises; savoir, du tabac en rouleau, du sucre en caisse, du *rum*, du *molossus*, et tout ce qui provient d'un moulin à sucre; et je trouvai par-là que le revenu de ma plantation s'était augmenté toutes les années considérablement. Mais, comme il a été déjà dit, les déboursemens ayant été très-grands, les sommes se trouvaient fort médiocres. Le bon homme me fit voir pourtant qu'il me devait quatre cent soixante-dix *moidores* d'or, outre soixante caisses de sucre et quinze rouleaux de tabac qui avaient été perdus dans un naufrage qu'il avait fait en retournant à Lisbonne, environ onze ans après mon départ du Brésil.

Cet honnête vieillard commença alors à se plaindre de ses désastres, qui l'avaient obligé à se servir de mon argent pour acquérir quelque portion dans un autre vaisseau. Cependant, mon cher ami, continua-t-il, vous ne manquerez pas de ressource dans votre nécessité, et vous serez pleinement satisfait, dès que mon fils sera de retour.

Là-dessus il tira un vieux sac de cuir, et me donna cent soixante *moidores portugais* en or, avec le titre qu'il avait par écrit du droit qu'il avait dans la décharge du vaisseau avec lequel son fils était allé au Brésil, et où il avait un quart, et son fils un autre. Il me remit tous ces papiers pour ma sûreté.

J'étais extrêmement touché de la probité du pauvre vieillard, et me ressouvenant de tout ce qu'il avait fait pour moi, comme il m'avait pris dans son vaisseau, comme il m'avait donné en toutes occasions des marques de sa générosité, dont je venais de recevoir encore des preuves nouvelles, j'avais de la peine à retenir mes larmes ; c'est pourquoi je lui demandai d'abord s'il était dans une situation à se passer de la somme qu'il me restituait, et si ce remboursement ne le mettrait pas à l'étroit. Il me répondit qu'en effet il en serait un peu incommodé ; mais que dans le fond c'était mon argent, et que peut-être j'en avais plus grand besoin que lui.

Tout ce que me disait cet honnête homme était si plein de bonté et de tendresse, que je ne pouvais m'empêcher de m'attendrir. Je pris cent *moidores*, et je lui donnai ma quittance en lui donnant le reste, et l'assurant que, si jamais je rentrais dans la possession de mon bien, je lui rendrais encore le reste, comme je fis aussi dans la suite. Pour le certificat qu'il voulait me donner de sa portion et de celle de son fils dans le vaisseau, j'étais fort éloigné de le vouloir prendre, sachant que, si j'étais dans le besoin, il était assez honnête homme pour me payer; que si je n'en avais pas besoin, et si je parvenais à mon but dans le Brésil, je ne lui demanderais pas un sou.

Lorsque le capitaine portugais me vit résolu de partir moi-même dans le Brésil, il ne le désapprouva pas; mais il me dit qu'il y avait d'autres moyens pour faire valoir mes droits; et comme il y avait des vaisseaux prêts à partir pour le Brésil, dans la rivière de Lisbonne, il me fit mettre mon nom sur un registre public, avec une déposition de sa part, dans laquelle il déclarait, sous serment, que j'étais en vie, et que j'étais la même personne qui avait entrepris et commencé la plantation dont il s'agissait. Il me conseilla d'envoyer cette déposition, faite dans les formes par-devant notaires, avec une procuration à un marchand de sa connaissance, qui était sur les lieux, et de rester avec lui jusqu'à ce qu'on m'eût rendu compte de l'état de mes affaires.

Ces mesures réussirent au-delà de mes espérances; car en sept mois de tems il me vint un grand paquet, de la part des héritiers de mes facteurs, qui contenait les papiers suivans:

1°. Il y avait un *compte courant* du produit de ma plantation pendant six ans, depuis que leurs pères avaient fait leur balance avec le *vieux capitaine*. Par ledit compte, il me revenait une somme de onze cent soixante-quatorze *moidores*.

2°. Il y avait un autre compte des dernières années, avant que le gouvernement se fût saisi de l'administration de mes effets, comme appartenant à une personne qui, n'étant pas à trouver, pouvait être considérée comme civilement morte. Le revenu de ma plantation s'était alors considérablement accru; il me revenait, selon la balance de ce compte, la somme de trois mille deux cent quarante-un *moidores*.

3°. Il y avait un compte du prieur du monastère qui avait joui de mon revenu pendant plus de quatorze ans, et qui, n'étant pas obligé de me restituer ce dont il avait disposé en faveur de l'hôpital, déclara, avec beaucoup de probité, qu'il avait encore entre les mains huit cent soixante-douze *moidores*, qu'il était prêt à me rendre. Mais pour le tiers que le roi s'était approprié, je n'en tirai rien du tout.

Ledit paquet contenait, en outre, une lettre de félicitation de mon associé, sur ce que j'étais encore en vie, avec un détail de l'accroissement de ma plantation, de ses revenus annuels, du nombre d'acres de terre qui y étaient employés; il y avait ajouté vingt-deux *croix* en guise de bénédictions, et il m'assurait qu'il avait dit autant d'*Ave Maria*, pour remercier la sainte Vierge de ce qu'elle m'avait conservé. Il me priait en même tems, d'une manière fort tendre, de venir moi-même prendre possession de mes effets, ou du moins de l'informer à qui je souhaitais qu'il les remît.

Cette lettre, qui finissait par des protestations pathétiques de son amitié et de celle de toute sa famille, était accompagnée d'un fort beau présent, qui consistait en six belles peaux de léopard (qu'il avait reçues apparemment d'Afrique par quelqu'un de ses vaisseaux dont le voyage avait été plus heureux que le mien); en six caisses d'excellentes confitures, et dans une centaine de pièces d'or non monnoyées, un peu plus petites que des *moidores*.

Je reçus dans le même tems, de la part des héritiers de mes facteurs, douze cents caisses de sucre, huit cents rouleaux de tabac, et le reste de ce qui me revenait en or.

J'avais grande raison de dire alors que la fin de

Job était meilleure que le commencement ; et j'ai de la peine à exprimer les différentes pensées qui m'agitèrent en me voyant environné de tant de biens ; car comme les vaisseaux du Brésil viennent toujours en flotte, les mêmes navires, qui m'avaient apporté mes lettres, avaient aussi été chargés de mes effets, et ils avaient été en sûreté dans la rivière, avant que j'eusse entre les mains les nouvelles de leur départ. Cette joie subite me saisit d'une telle force, que le cœur me manqua, et je serais peut-être mort sur-le-champ, si le bon vieillard ne s'était hâté de me donner un verre d'eau cordiale.

Je continuai pourtant à être assez mal pendant quelques heures, jusqu'à ce qu'on fit chercher un médecin, qui, instruit de mon indisposition, me fit saigner, ce qui me remit entièrement.

Je me voyais alors tout d'un coup maître de cinquante mille livres sterling en argent, et d'un bien, dans le Brésil, de plus de mille livres sterling de revenu, dont j'étais aussi sûr qu'aucun Anglais peut l'être d'un bien qu'il possède dans sa propre patrie. En un mot, je me voyais dans un bonheur que j'avais de la peine à comprendre moi-même, et je ne savais pas trop bien comment me conduire pour en jouir à mon aise.

La première chose à laquelle je songeai, c'était à récompenser mon bienfaiteur, le capitaine portugais, qui m'avait donné tant de marques de sa charité, dans mes malheurs, et tant de preuves de sa probité dans ma bonne fortune.

Je lui montrai tout ce que je venais de recevoir, en l'assurant, qu'après la Providence divine, c'était lui que je considérais comme la source de toute ma richesse, et que j'étais charmé de pouvoir le récompenser au centuple de toutes les bontés qu'il avait eues pour moi. Je commençai d'abord par lui rendre les cent *moidores* qu'il m'avait données, et ayant fait venir un notaire, je lui donnai une décharge, dans les formes, de quatre cent soixante-dix qu'il avait reconnu me devoir; ensuite je lui donnai une procuration pour être le receveur des revenus annuels de ma plantation; avec ordre à mon associé de les lui envoyer par les flottes ordinaires. Je m'engageai encore à lui faire présent de cent *moidores* par an pendant toute sa vie, et cinquante par an après sa mort pour son fils; et c'est ainsi que je trouvai juste de témoigner à ce bon vieillard la reconnaissance que j'avais de tous les services qu'il m'avait rendus.

Il ne me restait plus qu'à délibérer sur ce que je ferais du bien dont la Providence m'avait rendu possesseur; ce qui certainement me donnait plus d'embarras que je n'en avais eu dans la vie solitaire que j'avais menée autrefois dans mon île, où je n'avais besoin que de ce que j'avais; au lieu que dans ma nouvelle situation, mon bonheur même m'était à charge, par l'inquiétude que me donnait l'envie de mettre mes richesses en sûreté. Je n'avais plus cette grotte où je pouvais conserver mon trésor sans serrure et sans clef, et où il pouvait se rouiller dans un long repos sans être utile à personne. Il est vrai que le vieux capitaine était un homme parfaitement intègre: c'était là aussi mon unique ressource. Ce qui augmenta mon embarras, c'est que mon intérêt m'appelait dans le Brésil, et que je ne pouvais pas songer à entreprendre ce voyage, avant que d'avoir mis mon argent comptant en mains sûres; je pensai d'abord à ma bonne veuve, dont l'intégrité m'était connue; mais elle était déjà avancée en âge, mal dans ses affaires, et peut-être endettée. Ainsi il n'y avait pas d'autre parti à prendre que de retourner en Angleterre et de prendre mes effets avec moi.

Plusieurs mois s'écoulèrent pourtant avant que de prendre une résolution fixe là-dessus, et pendant ce tems là, après avoir satisfait pleinement aux obligations que j'avais au vieux capitaine portugais, je pensai aussi à témoigner ma reconnaissance à ma pauvre veuve, dont le mari avait été mon premier bienfaiteur, et qui elle-même avait été ma fidèle gouvernante et la sage directrice de mes affaires. Dans ce dessein, je trouvai un marchand à Lisbonne, à qui je donnai ordre d'écrire à son correspondant à Londres, de chercher cette bonne femme, pour lui donner, de ma part, cent livres sterling, et l'assurer que pendant ma vie elle ne manquerait jamais de rien. En même tems, j'envoyai cent livres sterling à chacune de mes sœurs, qui vivaient à la campagne, et qui, quoiqu'elles ne fussent pas dans une nécessité absolue, étaient bien éloignées pourtant d'être à leur aise, l'une étant veuve, et l'autre ayant son mari, dont elle n'avait pas lieu d'être contente. Mais parmi tous mes parens et toutes mes connaissances, je ne trouvai aucune personne à qui confier le gros de mes affaires, d'une manière à être tranquille là-dessus avant que de passer dans le Brésil, ce qui me donna bien de l'inquiétude.

J'avais assez d'envie quelquefois de m'établir entièrement dans le Brésil, où j'étais comme naturalisé; mais j'étais retenu par quelques scrupules de conscience. Il est bien vrai qu'autrefois j'avais eu assez peu de délicatesse pour professer extérieurement la religion dominante du pays, et que je ne voyais pas encore qu'il y avait là un si grand crime; mais pourtant, y pensant plus mûrement, je jugeais qu'il n'était pas sûr pour moi de mourir dans une pareille dissimulation, et je me repentais d'en avoir jamais été capable.

Cependant ce n'était pas là le plus grand obstacle qui s'opposait à mon voyage; c'était, comme j'ai déjà dit, la difficulté que je trouvais à disposer de mes effets d'une manière sûre. Je me déterminai donc à retourner en Angleterre avec mon argent, dans l'espérance d'y trouver une personne digne de toute ma confiance, et j'exécutai ce dessein peu de tems après.

Mais avant de partir, la flotte du Brésil étant prête à faire voile, je donnai les réponses convenables aux lettres obligeantes que j'avais reçues de ce pays. J'écrivis au prieur une lettre pleine de reconnaissance pour le remercier de l'intégrité dont il avait agi envers moi, et pour lui faire présent de huit cent soixante-douze *moidores* qu'il avait à moi, avec prières d'en donner cinq cents au monastère, et d'en distribuer trois cent soixante-douze aux pauvres, selon qu'il le trouverait bon. Au reste, je me recommandais à ses prières et à celles des autres religieux.

J'écrivis une lettre semblable à mes facteurs, sans l'accompagner d'aucun présent, sachant bien qu'ils n'avaient pas besoin des effets de ma libéralité. On peut bien croire que je n'oubliai pas non plus de remercier mon associé des soins qu'il avait pris pour l'accroissement de notre plantation, et de lui donner mes instructions sur la manière dont je souhaitais qu'il dirigeât mes affaires. Je le priai d'envoyer régulièrement les revenus de ma moitié au vieux capitaine, et je l'assurai que, non-seulement, je viendrais le voir, mais que j'avais encore dessein de me fixer dans le Brésil pour tout le reste de ma vie : j'ajoutai à ces promesses un joli présent de quelques pièces d'étoffes de soie d'Italie, de deux pièces de drap d'Angleterre, de cinq pièces de baie noire, et de quelques pièces de ruban de Flandre d'un assez grand prix.

Ayant mis ainsi ordre à mes affaires, vendu ma cargaison, et réduit mes marchandises en argent, je ne trouvai plus rien d'embarrassant que le choix de la route que je devais prendre pour passer en Angleterre. J'étais fort accoutumé à la mer, et cependant je me sentais une aversion extraordinaire pour m'y hasarder, et quoique je fusse incapable d'en alléguer la moindre raison, cette aversion redoublait de jour en jour d'une telle force, que je fis remettre à terre jusqu'à deux ou trois fois mon bagage, que j'avais déjà fait embarquer.

J'avoue que j'avais essuyé assez de malheurs sur cet élément pour le craindre; mais cette raison faisait des impressions moins fortes sur mon esprit que ces mouvemens secrets dont je me sentais saisi, et que j'avais grande raison de ne pas négliger, comme il parut par l'événement. Deux de ces vaisseaux, dans lesquels à différens tems j'avais voulu m'embarquer, furent très-malheureux dans leur voyage : l'un fut pris par les Algériens, et l'autre fit naufrage près de Torbay (1), sans qu'il s'en sauvât au-delà de trois personnes. Par conséquent, dans lequel des deux que je me fusse embarqué, j'aurais été également malheureux.

Mon ancien ami, sachant l'embarras où je me trouvais par rapport à mon voyage, m'exhorta fort de n'aller point par mer; il me conseilla plutôt d'aller par terre jusqu'à la Corogne, et de passer par-là à la Rochelle par le golfe de Biscaye, d'où il était aisé de continuer mon chemin par terre jusqu'à Paris, et de venir de là par Calais à Douvres ; ou bien d'aller à Madrid, et de traverser toute la France par terre.

Mon aversion prodigieuse pour la mer me fit suivre ce dernier parti, qui me la faisait éviter partout, excepté le petit passage de Calais à Douvres.

---

(1) *Baie du comté de Devonshire.*

Je n'étais pas fort pressé, je craignais peu la dépense, la route étant agréable, et pour que je ne m'y ennuyasse pas, mon vieux capitaine me procura la compagnie d'un Anglais, fils d'un marchand de Lisbonne, qui me fit trouver deux autres compagnons de voyage de la même nation, auxquels se joignirent encore deux cavaliers portugais, qui devaient s'arrêter à Paris ; de manière que nous étions six maîtres et cinq valets. Les deux marchands et les deux Portugais se contentaient d'avoir deux valets à eux quatre ; mais pour moi, j'avais trouvé bon d'augmenter mon domestique d'un matelot anglais, qui devait me tenir lieu de laquais pendant le voyage, parce que *Vendredi* n'était guère capable de me servir comme il fallait dans des pays dont il avait à peine une idée.

De cette manière, nous quittâmes Lisbonne bien montés et bien armés, faisant une petite troupe assez leste, qui me faisait l'honneur de m'appeler son capitaine, non-seulement à cause de mon âge, mais encore parce que j'avais deux valets, et que j'étais l'entrepreneur de tout le voyage.

Comme je ne suis pas entré dans le détail d'aucun de mes voyages par mer, je ne ferai pas non plus un journal exact de mon voyage par terre. Je m'arrêterai seulement à quelques aventures qui me paraissent dignes de l'attention du lecteur.

Quand nous vînmes à Madrid, nous résolûmes de nous y arrêter quelque tems pour voir la cour d'Espagne et tout ce qu'il y a de plus remarquable ; mais l'automne commençant à approcher, nous nous pressâmes de sortir de ce pays, et nous abandonnâmes Madrid environ au milieu d'octobre. En arrivant sur les frontières de la Navarre, nous fûmes fort alarmés en apprenant qu'une si grande quantité de neige y avait tombé du côté de la France, que plusieurs voyageurs avaient été obligés de retourner à Pampelune, après avoir tenté de passer les montagnes en s'exposant aux plus grands hasards.

Arrivés à Pampelune, nous trouvâmes que cette nouvelle n'était que trop fondée : nous y sentîmes un froid insupportable, surtout pour moi qui étais accoutumé à vivre dans des climats si chauds, qu'à peine y peut-on souffrir des habits. J'y étais d'autant plus sensible, que dix jours auparavant nous avions passé par la Vieille-Castille dans un tems extrêmement chaud. On peut croire si c'était un grand plaisir pour moi d'être exposé aux vents qui venaient des Pyrénées, et qui causaient un froid assez rude pour engourdir nos doigts et nos oreilles, et pour nous les faire perdre.

Le pauvre *Vendredi* était encore le plus malheureux de nous tous, en voyant pour la première fois de sa vie les montagnes couvertes de neige, et en sentant le froid, choses inconnues pour lui jusqu'alors.

La neige cependant continuait toujours à tomber avec violence, et pendant si long-tems, que l'hiver était venu avant son tems, et les passages qui jusqu'alors avaient été difficiles, en devinrent absolument impraticables. La neige était d'une épaisseur terrible, et n'ayant point acquis de la fermeté par une forte gelée, comme dans les pays septentrionaux, elle faisait courir risque aux voyageurs, à chaque pas, d'y être enterrés tout vifs.

Nous nous arrêtâmes pour le moins une vingtaine de jours à Pampelune ; mais persuadés que l'approche de l'hiver ne mettait pas nos affaires en meilleur état (aussi était-ce pour toute l'Europe l'hiver le plus cruel qu'il y ait eu de mémoire d'homme), je proposai à mes compagnons d'aller à Fontarabie, et de passer de là par mer à Bordeaux, ce qui n'était qu'un très-petit voyage.

Pendant que nous étions à délibérer là-dessus, nous vîmes entrer, dans notre auberge, quatre gentilshommes français, qui ayant été arrêtés du côté de la France, comme nous du côté de l'Espagne, avaient eu le bonheur de trouver un guide, qui, traversant le pays du côté du Languedoc, leur avait fait passer les montagnes par des chemins où il y avait peu de neige, et où du moins elle était assez endurcie par le froid pour soutenir les hommes et les chevaux.

Nous fîmes chercher ce guide, qui nous assura qu'il nous mènerait par le même chemin sans avoir rien à craindre de la neige ; mais que nous devions être assez bien armés pour pouvoir nous défendre contre les bêtes féroces, et surtout contre les loups, qui, devenus enragés faute de nourriture, se faisaient voir par troupeaux aux pieds des montagnes. Nous lui dîmes que nous ne craignions rien de ces animaux, pourvu qu'il nous pût mettre l'esprit en repos sur certains loups à deux jambes que nous étions en grand danger de rencontrer, à ce qu'on nous avait assuré, du côté des montagnes qui regardent la France.

Il nous répondit que nous ne serions point exposés à ce danger dans la route par laquelle il nous mènerait ; et là-dessus nous nous déterminâmes à le suivre, et le même parti fut pris par douze cavaliers français avec leurs valets, qui avaient été obligés de revenir sur leurs pas.

Nous sortîmes de Pampelune le 15 de novembre, et nous fûmes d'abord bien surpris de voir notre guide, au lieu de nous mener en avant, nous faire retourner l'espace de vingt milles anglais, par le même chemin par lequel nous étions venus de Madrid ; mais ayant passé deux rivières, et traversé un climat fort chaud et fort agréable, où l'on ne découvrait pas la moindre neige, il tourna tout d'un coup du côté gauche, et nous fit rentrer dans les montagnes par un autre chemin. Nous y aperçûmes des précipices dont la vue nous faisait frissonner ; mais il sut nous conduire par tant de détours et par tant de traverses, qu'il nous fit passer la hauteur des montagnes sans que nous en sussions rien, et sans être fort incommodés de la neige ; et tout d'un coup il nous montra les agréables et fertiles provinces du Languedoc et de la Gascogne, qui frappaient nos yeux par une charmante verdure. Il est vrai que nous les voyions à une grande distance de nous, et qu'il fallait encore faire bien du chemin avant que d'y entrer.

Nous fûmes pourtant bien mortifiés un jour en voyant tomber de la neige en une telle abondance, qu'il nous fut impossible d'avancer ; mais notre guide nous donna courage, en nous assurant que toutes les difficultés de la route seraient bientôt surmontées. Nous trouvâmes effectivement que chaque jour nous descendions de plus en plus, et que nous avancions du côté du nord ; ce qui nous donna assez de confiance en notre guide pour pousser hardiment notre voyage.

Voici une aventure assez remarquable qui nous arriva un jour. Nous avions à peu près deux heures de jour, quand nous hâtant vers notre gîte, nous vîmes sortir d'un chemin creux, à côté d'un bois épais, trois loups monstrueux, suivis d'un ours. Comme notre guide nous avait assez devancés pour être hors de notre vue, si nous avions été seulement éloignés d'un demi-mille anglais, il aurait été certainement dévoré avant que nous eussions été en état de lui porter aucun secours. L'un de ces animaux s'attacha au cheval, et l'autre attaqua l'homme avec tant de fureur, qu'il n'eut ni le tems, ni la présence d'esprit de se saisir de ses armes à feu : il se contenta de pousser des cris épouvantables. Comme

Vendredi était le plus avancé de nous tous, je lui dis d'aller à toute bride voir ce que c'était. Dès qu'il découvrit de loin ce dont il s'agissait, il se mit à crier de toutes ses forces : « O maître! maître! » Mais il ne laissa pas de continuer son chemin tout droit vers le pauvre guide, et comme un garçon plein de courage, il appuya son pistolet contre la tête du loup qui s'était attaché à l'homme, et le fit tomber roide mort.

C'était un grand bonheur pour le pauvre guide que *Vendredi*, étant accoutumé dans sa patrie à ces sortes de bêtes, ne les craignait guère, ce qui l'avait rendu assez hardi pour tirer son coup de près, au lieu que quelqu'un de nous, tirant de plus loin, aurait couru risque ou de manquer le loup, ou de tuer l'homme.

Aussitôt que le loup, qui avait attaqué le cheval, vit son camarade à terre, il abandonna sa proie et s'enfuit. Il s'était heureusement attaché à la tête du cheval, où ses dents, rencontrant les bossettes de la bride, n'avaient pas pu porter de coups bien dangereux. Il n'en était pas ainsi de l'homme, qui avait reçu deux morsures, l'une dans le bras et l'autre au-dessus du genou, et qui avait été sur le point de tomber de son cheval qui se cabrait, dans le moment que *Vendredi* était venu si heureusement à son secours.

On pense facilement qu'au bruit du coup de pistolet de mon sauvage, nous doublions tous le pas, autant qu'un chemin extrêmement raboteux pouvait nous le permettre.

A peine nous étions-nous débarrassés des arbres qui nous barraient la vue, que nous vîmes distinctement ce qui venait d'arriver, sans pourtant pouvoir distinguer d'abord quelle espèce d'animal *Vendredi* venait de tuer.

Mais voici un autre combat bien plus surprenant : il se donna entre le même sauvage et l'ours dont je viens de parler, et nous divertit à merveilles, quoique au commencement nous en fussions fort alarmés. Il sera bon, pour l'intelligence de cette aventure, de la faire précéder d'une courte description du caractère de messieurs les ours.

On sait que l'ours est un animal fort grossier et pesant, et fort éloigné de pouvoir galoper comme un loup, qui est fort léger et très-alerte : mais on ignore peut-être qu'il a deux qualités essentielles, qui font la règle générale de la plupart de ses actions.

Premièrement, comme il ne considère pas l'homme comme sa proie, à moins qu'une faim excessive ne le fasse sortir de son naturel, il ne l'attaque pas, s'il n'en est attaqué le premier. Si vous le rencontrez dans un bois, et si vous ne vous mêlez pas de ses affaires, il ne se mêlera pas des vôtres : mais ayez bien soin de le traiter avec beaucoup de politesse, et de lui laisser le chemin libre ; car c'est un cavalier fort pointilleux, qui ne ferait pas un seul pas hors de sa route pour un monarque. S'il vous avait fait peur, le meilleur parti que vous puissiez prendre, c'est de détourner les yeux et de continuer votre chemin ; car si vous vouliez vous arrêter pour le regarder fixement, il pourrait bien s'en offenser ; mais si vous étiez assez hardi pour lui jeter quelque chose, et qu'elle le touchât, ne fût-ce qu'un morceau grand comme le doigt, soyez sûr qu'il le prendrait pour un affront sanglant, et qu'il abandonnerait toutes ses autres affaires pour en tirer vengeance, car il est extrêmement délicat sur le point d'honneur : c'est là sa première qualité. Il en a encore une autre, qui est tout aussi remarquable, c'est que s'il se met dans l'esprit que vous l'avez offensé, il ne vous abandonnera ni de nuit, ni de jour, jusqu'à ce qu'il en ait satisfaction, et que l'affront soit lavé dans votre sang.

Je reviens au combat dont j'ai promis la relation. A peine *Vendredi* eut-il aidé à descendre de cheval notre guide, encore plus effrayé qu'il n'était blessé, que nous vîmes sortir l'ours du bois; et je puis protester que je n'en ai jamais vu d'une taille plus monstrueuse.

Nous étions tous un peu effrayés à sa vue, hormis *Vendredi*, qui marquant dans toute sa contenance beaucoup de joie et de courage, s'écria : « O maître, » maître, vous me donner congé, moi lui toucher » dans la main, moi vous faire bon rire. » Que voulez-vous dire, grand fou que vous êtes? lui dis-je; il vous mangera. « Lui manger moi! lui manger moi! » répondit-il : moi manger lui; vous rester tous là, » moi vous donner bon rire. » Aussitôt le voilà à bas de son cheval; il ôte ses bottes dans le moment; chausse une paire d'escarpins qu'il avait dans sa poche, donne son cheval à garder à un autre laquais, se saisit d'un fusil, et se met à courir comme le vent.

L'ours cependant se promenait au petit pas, sans songer à malice, jusqu'à ce que *Vendredi* s'en étant approché, commença à lier conversation avec lui, comme si l'animal était capable de l'entendre. « Ecoute donc, lui cria-t-il, moi te vouloir parler » un peu. » Pour nous, nous le suivions à quelque distance. Nous étions déjà descendus des montagnes du côté de la Gascogne, et nous nous trouvions dans une vaste plaine, où pourtant il y avait une assez grande quantité d'arbres répandus par-ci par-là.

Vendredi étant, pour ainsi dire, sur les talons de l'ours, ramasse une grosse pierre, la jette à cet affreux animal, et l'attrape justement à la tête, sans néanmoins lui faire plus de mal que si le caillou avait donné contre une muraille. Ainsi mon drôle n'avait d'autre but que de se faire suivre par l'ours, et de nous donner *bon rire*, selon sa manière de s'exprimer. L'ours, selon sa louable coutume, ne manqua pas d'aller droit à lui, en faisant des pas si terribles, que, pour les suivre, on aurait dû mettre son cheval à un médiocre galop.

Il n'avait garde cependant d'attraper *Vendredi*, que je vis, à mon grand étonnement, prendre sa course de notre côté, comme s'il avait besoin de notre secours ; ce qui nous détermina à faire feu sur la bête tous en même tems, pour délivrer mon valet de ses griffes : j'étais pourtant dans une furieuse colère contre lui, pour avoir attiré l'ours contre nous, dans le tems qu'il ne songeait qu'à aller droit son chemin. Cela s'appelle-t-il nous faire rire, maraud? lui dis-je ; viens vite, et prends ton cheval afin que nous puissions tuer ce diable d'animal que tu as mis à nos trousses. « Point, point, répondit » il tout en courant; non tirer, vous point bouger, » vous avoir grand rire. » Comme mon drôle courait deux fois fois plus vite que l'ours, et qu'il y avait encore un grand espace entre l'un et l'autre, il prend tout d'un coup à côté de nous, où il voyait un grand chêne très-propre à l'exécution de son projet, et nous faisant signe de le suivre, il met bas son fusil à quelque distance de l'arbre, et il y grimpe avec une adresse étonnante. Nous suivions cependant, à quelque distance, l'ours irrité, qui prenait le même chemin. Etant proche de l'arbre, il s'arrête auprès du fusil ; le flaire, et le laissant là, il se met à grimper contre le tronc de l'arbre, à la manière des chats, quoiqu'il fût d'une pesanteur extraordinaire.

J'étais surpris de la folie de mon valet, et jusque-là je ne voyais pas le mot pour rire dans cette affaire. L'ours avait déjà gagné les branches de l'arbre, et il avait la moitié du chemin depuis le tronc jusqu'à l'endroit où *Vendredi* s'était mis sur l'extrémité foible d'une grosse branche. Dès que l'animal eut mis les pattes sur la même branche, et qu'il se mit en devoir d'aller jusqu'à mon valet, il nous cria qu'il allait apprendre à danser à l'ours ; et en même tems il se met à sauter sur la branche et à la remuer de toutes ses forces, ce qui fit chanceler l'ours, qui regardait déjà en arrière pour voir de quelle manière il se tirerait de là : ce qui nous fit rire effectivement de tout notre cœur. Mais la farce n'était pas encore jouée jusqu'au bout. Quand *Vendredi* vit l'animal s'arrêter, il lui parla de nouveau, comme s'il avait été sûr de lui faire entendre son mauvais anglais. « Quoi ! lui dit-il, toi pas venir » plus loin ; toi pié encore un peu venir. » En même tems il cesse de remuer la branche, et l'ours, comme s'il était sensible à son invitation, fait effectivement quelques pas en avant ; et aussi souvent qu'il plaisait à mon drôle de remuer la branche, l'ours trouvait à propos d'arrêter tout court.

Je crus alors qu'il était tems de lui casser la tête, et pour cette raison je criai à *Vendredi* de se tenir en repos ; mais il me pria de n'en rien faire, et de lui permettre de le tuer lui-même quand il le voudrait.

Pour abréger l'histoire, mon sauvage dansait si souvent sur la branche, et l'ours en s'arrêtant se mettait dans une posture si grotesque, que nous en mourions de rire. Nous ne connaissions pourtant rien dans le dessein de *Vendredi* ; nous avions cru d'abord qu'en remuant la branche il avait envie de faire culbuter cette lourde bête du haut en bas ; mais elle était trop fine pour s'y laisser attraper, et elle se cramponnait à la branche avec ses quatre griffes d'une telle force qu'il était impossible de la faire tomber, et par conséquent nous avions de la peine à comprendre par quelle plaisanterie l'aventure finirait.

*Aussi souvent qu'il plaisait à Vendredi
de remuer la branche, l'ours s'arrêtait
tout court.*

trémité foible d'une grosse branche. Dès qu[e l'a]nimal eut mis les pattes sur la même branch[e] qu'il se mit en devoir d'aller jusqu'à mon vale[t,] nous cria qu'il allait apprendre à danser à l'o[urs,] et en même tems il se met à sauter sur la branc[he,] à la remuer de toutes ses forces, ce qui fit chan[celer] l'ours, qui regardait déjà en arrière pour vo[ir] quelle manière il se tirerait de là : ce qui no[us fit] rire effectivement de tout notre cœur. Mais la [pièce] n'était pas encore jouée jusqu'au bout. Quand [Ven-] *dredi* vit l'animal s'arrêter, il lui parla de nouv[eau] comme s'il avait été sûr de lui faire entendre [son] mauvais anglais. « Quoi ! lui dit-il, toi pas [venir] » plus loin ; toi p[r]ié encore un peu venir. [En] même tems il cesse de remuer la branche, et l'o[urs] comme s'il était sensible à son invitation, fa[it ef-]fectivement quelques pas en avant ; et aussi [sou-]vent qu'il plaisait à mon drôle de remuer la bra[nche,] l'ours trouvait à propos d'arrêter tout court.

Je crus alors qu'il était tems de lui casser la [tête,] et pour cette raison je criai à *Vendredi* de se [tenir] en repos ; mais il me pria de n'en rien fair[e, et] de lui permettre de le tuer lui-même quand [il le] voudrait.

Pour abréger l'histoire, mon sauvage dans[a] souvent sur la branche, et l'ours en s'arrêta[nt se] mettait dans une posture si grotesque, que no[us] mourions de rire. Nous ne connaissions pou[r-]rien dans le dessein de *Vendredi* ; nous avion[s cru] d'abord qu'en remuant la branche il avait env[ie de] faire culbuter cette lourde bête du haut en [bas ;] mais elle était trop fine pour s'y laisser attrap[er :] elle se cramponnait à la branche avec ses q[uatre] griffes d'une telle force qu'il était impossible [de la] faire tomber, et par conséquent nous avions [de la] peine à comprendre par quelle plaisanterie l'a[ven-]ture finirait.

*Aussi souvent qu'il plaisait à Vendredi
de remuer la branche, l'ours s'arrêtait
tout court.*

Vendredi nous tira bientôt d'embarras ; car voyant que l'ours n'avait pas envie d'approcher davantage : « Bon, bon, lui dit-il, toi ne pas venir » plus à moi ; moi venir à toi. » Et là-dessus il s'avance vers l'extrémité de la branche, et s'y pendant par les mains, il la fait plier assez pour se laisser tomber à terre sans risque.

L'ours voyant de cette manière son ennemi décamper, prend la résolution de le suivre ; il se met à marcher sur la branche à reculons, mais avec beaucoup de lenteur et de précaution, ne faisant pas un pas sans regarder en arrière. Quand il fut arrivé au tronc, il en descendit avec la même circonspection, toujours à reculons, et ne remuant jamais un pied qu'il ne sentît l'autre bien fermement attaché à l'écorce. Il allait justement appuyer une de ses jambes sur la terre, quand *Vendredi* s'avança sur lui, et lui mettant le bout du fusil dans l'oreille, le fit tomber roide mort.

Après cette expédition, mon gaillard s'arrêta pendant quelques momens d'un air grave pour voir si nous n'étions pas à rire ; et voyant qu'effectivement il nous avait extrêmement divertis, il fit un terrible éclat de rire lui-même, en disant que c'était ainsi qu'on tuait les ours dans son pays. Comment ! lui répondis-je, le moyen que vous les tuyiez de cette manière ; vous n'avez point de fusils. « Oui, » repartit-il, point de fusil ; mais nous tirer beau- » coup grands longs flèches. »

Il est certain qu'il avait tenu parole, et que cette comédie nous avait donné beaucoup de plaisir. Cependant j'en aurais encore ri de meilleur cœur si je ne m'étais pas trouvé dans un lieu sauvage, où les hurlemens des loups me donnaient beaucoup d'inquiétude. Le bruit qu'ils faisaient était épouvantable, et je ne me souviens pas d'en avoir jamais entendu un pareil, qu'une seule fois sur le rivage d'Afrique, comme je crois l'avoir déjà dit ci-dessus.

Si ce bruit affreux et l'approche de la nuit ne nous avaient tirés de là, nous aurions suivi le conseil de *Vendredi*, en écorchant la bête, dont la peau valait bien la peine d'être conservée; mais nous avions encore trois lieues à faire avant que d'arriver au gîte, et notre guide nous pressait de pousser notre voyage.

Toute cette route était couverte de neige, quoiqu'à une moindre épaisseur que dans les montagnes, et par conséquent elle était moins dangereuse. Mais en récompense les loups, enragés par la faim, étaient descendus par bandes entières dans les plaines et dans les forêts, et avaient fait des ravages affreux dans plusieurs villages, où ils avaient tué une grande quantité de bétail, et dévoré les hommes même.

Nous apprîmes de notre guide qu'il nous restait encore à traverser un endroit fort dangereux, et où nous ne manquerions pas à rencontrer des loups.

C'était une petite plaine environnée de bois de tous côtés, et suivie d'un défilé fort étroit par où nous devions passer absolument pour sortir des forêts, et pour gagner le bourg où nous devions coucher cette nuit.

Nous entrâmes dans le premier bois une demi-heure après. Dans ce bois, nous ne rencontrâmes rien qui fût capable de nous effrayer, hormis que dans une très-petite plaine, d'environ un demi-quart de mille, nous vîmes cinq grands loups traverser le chemin tous à la file les uns des autres, comme s'ils couraient après une proie assurée. Ils ne firent pas seulement semblant de nous apercevoir, et en moins de rien ils étaient hors de notre vue. Cependant notre guide, qui était un poltron achevé, nous pria de nous préparer à la défense, puisqu'apparemment ces loups seraient suivis d'une grande quantité d'autres.

Nous suivîmes son conseil, sans cesser un moment de tourner les yeux de tous côtés ; mais nous n'en découvrîmes pas un seul dans tout le bois, qui était long de plus d'une demi-lieue. Il n'en fut pas de même dans la plaine dont j'ai fait mention. Le premier objet qui nous y frappa, était un cheval tué par ces animaux, sur le cadavre duquel ils étaient encore au nombre de quelques douzaines, non-seulement à dévorer la chair, mais encore à ronger les os.

Nous ne trouvâmes point du tout à propos de troubler leur festin, et de leur côté ils ne songeaient pas à le quitter pour nous troubler dans notre voyage. *Vendredi* avait pourtant grande envie de leur lâcher quelques coups de fusil ; mais je l'en empêchai, prévoyant que bientôt nous aurions des affaires de reste. Nous n'avions pas encore traversé la moitié de la plaine, quand nous entendîmes à notre gauche des hurlemens terribles ; un moment après, nous vîmes une centaine de loups venir à nous, par rangs et par files, comme s'ils avaient été mis en bataille par un officier expérimenté.

Je crus que le seul moyen de les bien recevoir, était de nous arranger tous dans une même ligne, et de nous tenir bien serrés ; ce que nous exécutâmes dans le moment. Je donnai encore ordre à mes gens de faire leur décharge en sorte qu'il n'y eût que la moitié qui tirât à la fois, et que l'autre se tînt prête à faire dans le moment une seconde décharge ; et si, malgré tout cela, les loups ne laissaient pas de pousser leur pointe, qu'ils ne s'amusassent pas à recharger leurs armes, mais qu'ils missent promptement le pistolet à la main. Nous en avions chacun une paire, et ainsi nous étions en état de faire chacun six grandes décharges tout de suite. Mais pour lors toutes nos armes ne nous furent point nécessaires ; car à nos premiers coups les ennemis s'arrêtèrent tout court. Il y en eut quatre de tués et plusieurs autres de blessés, qui, en se tirant de la foule, laissaient sur la neige les traces de leur sang. Voyant pourtant que le reste ne se retirait pas, je me ressouvins d'avoir entendu dire que les bêtes les plus féroces même étaient effrayées du cri des hommes, et conséquemment j'ordonnai à tous mes compagnons d'en pousser un de toutes leurs forces.

Je vis par-là que cette opinion n'était pas si mal fondée ; car dans le moment ils commencèrent leur retraite, et après que j'eus fait faire une seconde décharge sur leur arrière-garde, ils prirent le galop pour s'enfuir dans les bois.

Leur fuite nous donna le loisir nécessaire pour recharger nos armes tout en chemin faisant ; mais à peine eûmes-nous pris cette précaution, que nous entendîmes dans le même bois, du côté gauche, mais plus en avant que la première fois, des hurlemens encore plus effroyables.

La nuit s'approchait cependant, ce qui mettait nos affaires en plus mauvais état, surtout quand nous vîmes paraître tout en même tems trois troupes de loups, l'une à gauche, l'autre derrière nous, et la troisième à notre front, de manière que nous en étions presque environnés. Néanmoins, comme ils ne tombaient pas d'abord sur nous, nous jugeâmes à propos de gagner toujours pays, autant que nous pouvions faire avancer nos chevaux, ce qui n'était tout au plus qu'un bon trot, à cause des mauvais chemins.

De cette manière, nous découvrîmes bientôt le défilé par lequel il fallait passer de nécessité, et qui était au bout de la plaine, comme j'ai déjà dit ; mais étant sur le point d'y entrer, nous fûmes surpris par la vue d'un nombre confus de loups qui faisaient mine de vouloir nous disputer le passage.

Tout d'un coup nous entendîmes d'un autre côté un coup de fusil, et dans le même instant nous vîmes un cheval sellé et bridé sortir du bois, et s'enfuir comme le vent, ayant à ses trousses seize ou dix-sept loups qui devaient bientôt l'atteindre, puisqu'il était impossible qu'il soutînt encore long-tems une course si vigoureuse.

En nous avançant du côté de l'ouverture dont ce cheval venait de sortir, nous aperçûmes les cadavres d'un autre cheval et de deux hommes fraîchement dévorés par ces bêtes enragées, l'un desquels devait être nécessairement celui à qui nous avions entendu tirer un coup de fusil; car nous en trouvâmes un déchargé à terre auprès de lui, et nous le vîmes lui-même tout défiguré, la tête et le haut du corps ayant été déjà rongés jusqu'aux os.

Ce spectacle nous remplit d'horreur, et nous ne savions pas de quel côté nous tourner, quand ces abominables bêtes nous forcèrent à prendre une résolution, en avançant sur nous de tous côtés au nombre de trois cents tout au moins.

Par bonheur nous découvrîmes tout près du bois plusieurs grands arbres abattus, apparemment pendant l'été, pour servir à la charpente. Je plaçai ma petite troupe au beau milieu, après lui avoir fait mettre pied à terre, et je l'arrangeai en forme de triangle devant le plus grand de ces arbres qui pouvait lui servir de rempart.

Cette précaution ne nous fut pas inutile : car ces loups endiablés nous chargèrent avec une fureur inexprimable et avec des hurlemens capables de faire dresser les cheveux, comme s'ils tombaient sur une proie assurée; et je crois que leur rage était surtout animée par la vue des chevaux que j'avais fait placer au milieu de nous. J'ordonnai à mes gens de tirer de la même manière qu'ils avaient fait dans la première rencontre, et ils l'exécutèrent si bien qu'ils firent tomber un bon nombre de nos ennemis par la première décharge : mais il était nécessaire de faire un feu continuel ; car ils venaient sur nous comme des diables, ceux de derrière poussant en avant les premiers.

Après notre seconde décharge, nous les vîmes s'arrêter un peu, et j'espérais déjà que nous en serions bientôt quittes ; mais j'étais bien trompé. Nous fûmes encore obligés de faire feu deux fois de nos pistolets, et je crois que dans ces quatre décharges nous en tuâmes bien dix-sept ou dix-huit, en blessant plus du double de ce nombre.

J'aurais été fort fâché de faire tirer notre dernier coup sans la dernière nécessité : je fis donc venir mon valet anglais (car *Vendredi* était occupé à charger mon fusil et le sien), je lui ordonnai de prendre un cornet à poudre et de faire une large traînée sur l'arbre qui nous servait de rempart, et sur lequel les loups se jetaient à tous momens avec une rage épouvantable. Il le fit sur-le-champ, et dès que je vis nos ennemis montés sur l'arbre, j'eus justement le tems de mettre le feu à ma traînée, en lâchant dessus le chien d'un pistolet déchargé ; tous ceux qui se trouvaient sur l'arbre furent grillés par le feu, dont la force en jeta sept ou huit parmi nous, que nous dépêchâmes en moins de rien ; pour les autres, ils étaient si effrayés de cette lumière subite, augmentée par l'obscurité de la nuit, qu'ils commencèrent à se retirer un peu. Là-dessus je fis faire sur eux la dernière décharge, que nous accompagnâmes d'un grand cri qui acheva de les mettre entièrement en fuite.

Ensuite nous fîmes une sortie l'épée à la main sur une vaingtaine d'estropiés, et en les tailladant, nous fîmes en sorte que leurs hurlemens plaintifs contribuassent à épouvanter les autres qui avaient regagné les bois.

Nous en avions tué tout au moins une soixantaine, et si c'avait été en plein jour, nous en aurions bien dépêché davantage : cependant le champ de bataille nous restait, mais nous avions encore tout au moins une lieue à faire, et nous entendions encore de tems en tems un bruit affreux dans les bois. Nous crûmes même plus d'une fois en voir près de nous, sans en être bien sûrs, à cause de la neige qui nous éblouissait les yeux.

Après avoir marché encore une heure dans de pareilles inquiétudes, nous arrivâmes au bourg où nous devions passer la nuit. Nous y trouvâmes tout le monde sous les armes, à cause que la nuit d'auparavant un grand nombre de loups et quelques ours y étaient entrés, et leur avaient donné une alarme bien chaude, qui les obligeait à se tenir continuellement en sentinelle, et surtout pendant la nuit, afin de défendre leurs troupeaux et de se défendre eux-mêmes.

Le jour après, notre guide était si mal, et les membres où il avait été blessé étaient tellement enflés, qu'il lui fut impossible de nous servir davantage : ainsi nous fûmes obligés d'en prendre un autre pour nous conduire jusqu'à Toulouse. C'est là que nous trouvâmes, au lieu de montagnes de neige et de loups, un climat chaud et une campagne riante et fertile.

Quand nous contâmes notre aventure, on nous dit que rien n'était plus ordinaire que d'en avoir de semblables au pied des montagnes, surtout quand il y a de la neige; ils étaient fort surpris de ce que nous avions trouvé un guide assez hardi pour nous mener par cette route dans une saison si rigoureuse, et que nous avions été heureux de sauver notre vie de la fureur de tant de loups affamés. Quand je leur fis le récit de notre ordre, ils nous blâmèrent fort de nous y être pris de cette manière, et ils étaient convaincus que les loups avaient redoublé leur rage à cause des chevaux que nous avions placés derrière nous, et qu'ils avaient considérés comme une proie qui leur était due. A leur avis, il y avait cinquante à parier contre un que nous aurions été détruits, sans le stratagème de la traînée de poudre, de laquelle je m'étais avisé, et sans le feu continuel que nous avions eu soin de faire; ils ajoutaient encore que nous aurions couru moins de danger si nous étions restés à cheval, et si, de cette manière, nous avions tiré sur eux, parce que voyant les chevaux montés, ces animaux n'ont pas coutume de les considérer si facilement comme leur proie; qu'enfin si nous avions voulu mettre pied à terre, nous aurions bien fait de sacrifier nos chevaux, à cause que, selon toutes les apparences, c'est sur eux qu'ils se seraient tous jetés, en nous laissant en repos, nous voyant en grand nombre et bien armés.

Le danger auquel nous venions d'échapper était véritablement terrible; j'avoue que j'en étais plus frappé que d'aucun autre que j'eusse couru de ma vie, et que je m'étais cru perdu absolument en voyant deux ou trois cents de ces bêtes endiablées venir à nous la gueule béante, sans que je pusse trouver aucun lieu de refuge pour me mettre à l'abri de leur fureur.

Je ne crois pas que j'en perde jamais l'idée, et désormais j'aimerais mieux faire mille lieues par mer, quand je serais sûr d'essuyer une tempête toutes les semaines, que de traverser encore une seule fois les mêmes montagnes.

Je ne dirai rien de mon voyage par la France, puisque plusieurs autres ont infiniment mieux parlé de tout ce qui concerne ce pays, que je ne saurais le faire. Je dirai seulement que, sans m'arrêter beaucoup, je passai de Toulon à Calais, par Paris, et que j'arrivai à Douvres le 11 de janvier, après avoir essuyé un froid presque insupportable.

J'étais parvenu alors au comble de mes désirs, ayant avec moi tout mon bien, et voyant toutes mes lettres de change payées sans aucun délai.

Dans cette heureuse situation, je me servais de ma bonne veuve comme de mon conseiller privé ; ses bontés pour moi étaient animées et redoublées par la reconnaissance, et elle ne trouvait aucun soin trop embarrassant, ni aucune peine trop fatigante quand il s'agissait de me rendre service. Aussi avais-je une si parfaite confiance en elle, que je croyais tous mes effets en sûreté entre ses mains ; et certainement, pendant tout le tems que j'ai joui de son amitié, je me suis cru heureux d'avoir trouvé une personne d'une probité si inaltérable.

J'étais déjà résolu à lui laisser la direction de toutes mes affaires, et à partir pour Lisbonne pour fixer ma demeure dans le Brésil, quand une délicatesse de conscience m'en vint détourner. J'avais réfléchi souvent, et surtout pendant ma vie solitaire, sur le peu de sûreté qu'il y a à vivre dans la religion catholique romaine, et je savais qu'il m'était impossible de m'établir dans le Brésil sans en faire profession, et que d'y manquer ne serait autre chose que m'exposer à souffrir le martyre entre les cruelles mains de l'inquisition. Cette considération me fit changer de sentiment, et prendre le parti de rester dans ma patrie, surtout si j'étais assez heureux pour trouver le moyen de me défaire avantageusement de ma plantation.

Dans cette intention, j'écrivis à mon vieux ami de Lisbonne, qui me répondit qu'il trouverait là aisément le moyen de vendre ma plantation ; qu'il jugeait à propos, si j'y consentais, de l'offrir en mon nom aux deux héritiers de mes facteurs, qui étaient riches, et qui, se trouvant sur les lieux, en connaissaient parfaitement la valeur; que pour lui, il était sûr qu'ils seraient ravis d'en faire l'achat, et qu'ils m'en donneraient du moins quatre ou cinq mille pièces de huit au-delà de ce que j'en pourrais tirer de tout autre.

J'y consentis, et l'affaire fut bientôt réglée; car huit mois après, la flotte du Brésil étant revenue en Portugal, j'appris, par une lettre du vieux capitaine, que mon offre avait été acceptée, et mes facteurs avaient envoyé à leur correspondant à Lisbonne, 330,000 pièces de huit pour payer le prix dont on était convenu.

Je ne balançai pas un moment à signer les conditions de la vente telles qu'on les avait dressées à Lisbonne, et en ayant renvoyé l'acte à mon vieil ami, il me fit tenir des lettres de change de la valeur de 328,000 pièces de huit pour le prix de ma plantation, à condition qu'elle resterait chargée du paiement de cent *moidores* par an, tant que le vieux capitaine vivrait, et de cinquante pendant la vie de son fils.

FIN DU TOME SECOND.

www.ingramcontent.com/pod-product-compliance
Lightning Source LLC
Chambersburg PA
CBHW071949160426
43198CB00011B/1615